Barbara Cratzius
Indianer-Frühling

Barbara Cratzius

INDIANER-FRÜHLING

Neue Geschichten, Lieder,
Sing- und Bewegungsspiele,
Rätsel, Rezepte und
Bastelideen
für kleine Indianer

Mit Liedkompositionen
von Ulrich Maske und
vielen Illustrationen
von Gertrud Schrör

Herder Freiburg · Basel · Wien

Alle Lieder dieses Buches sind von Ulrich Maske vertont und als Musikcassette „Indianer-Frühling" im Verlag Herder (ISBN 3-451-26296-7) und bei Jumbo Neue Medien & Verlag GmbH (ISBN 3-89592-151-3), Hamburg, erschienen. Dort erhältlich ist ebenfalls eine Playback-Cassette für Aufführungen.
Alle Rechte an den Liedern liegen bei Chico Musik Verlag, Bismarckstraße 99, 20253 Hamburg.

Weitere Autoren, deren Bastelvorschläge in dieses Buch aufgenommen wurden:
Renate Leschner, Kindergarten Heikendorf; Team des Kindergartens Weingasse, Horb; Team des Kindergartens Mönkeberg; Christiane Feldmaier und Brigitte Glatzel, Kindergarten Christanger.

Gedruckt auf umweltfreundlichem, chlorfrei gebleichtem Papier
Alle Rechte vorbehalten – Printed in Germany
© Verlag Herder Freiburg im Breisgau 1997
Notensatz: Nikolaus Veeser, Freiburg
Layout: Andrea Burk
Fotos: Thomas Schädel, Jutta Weser
Satz: pws Print und Werbeservice Stuttgart
Produktion: Hampp Verlag, Würzburg
Druck & Bindung: Freiburger Graphische Betriebe 1997

ISBN 3-451-26206-1

INHALT

Unter den obigen Kapitelüberschriften finden Sie an den angegebenen Seiten viele Texte und Gestaltungsvorschläge in der Reihenfolge des Buches.
Das nachfolgende Inhaltsverzeichnis will Ihnen durch die Ordnung nach Stichworten die Suche nach bestimmten Texten und Gestaltungsvorschlägen erleichtern.

BASTELVORSCHLÄGE

BEWEGUNGSSPIELE

ERZÄHLUNGEN - GESCHICHTEN

FESTE

FINGERSPIELE

LIEDER

RÄTSEL

REIM

REZEPTE

SPIELE

TÄNZE

VORWORT

*Es wird der Tag kommen,
an dem die Kinder des weißen Mannes
sich wie Indianer kleiden und
Perlenschnüre und Stirnbänder
tragen werden.
Aus dieser Generation werden unsere
ersten wahren nichtindianischen
Freunde hervorgehen.*

Alte indianische Prophezeiung

Mein neues Buch „Indianer-Frühling" ist nicht in erster Linie - wie einige meiner früheren Veröffentlichungen - am Lauf des Jahres orientiert. Vielmehr greife ich ein Thema auf, das eine Kindergruppe über einen längeren Zeitraum hinweg interessieren, beschäftigen und begeistern kann.

Ich habe bei meinen Veranstaltungen in Kindergärten, Schulen und Elterngruppen immer wieder erfahren, daß ErzieherInnen und LehrerInnen nach Themen suchen, die umfassend und motivierend eingeführt sind, bei denen die Kinder nicht schon nach einigen Tagen unruhig nach neuen Beschäftigungsangeboten verlangen. Es müssen Projekte sein, die wirklich „zündende Ideen" enthalten.

Es fällt uns Erwachsenen zunehmend schwerer, die Kinder so zu führen, daß sie sich konzentriert, voller Hingabe und Muße längere Zeit mit einem Thema beschäftigen können. Wir sollten dabei nicht den Fehler begehen, „zur täglichen Überfrachtung der Kinder - durch Fernsehen, Video, Audio-Kassetten usw. - noch neue Angebote zu machen, sondern die einmalige Chance wahrnehmen, Zeit- und Raummöglichkeiten zur Verfügung zu stellen, die Kindern Platz für eigene Gestaltungsideen läßt" (Aus: Armin Krenz, Der „Situationsorientierte Ansatz" im Kindergarten, Verlag Herder, 1991). Ich habe in vielen Kindergruppen erlebt, daß die Vorbereitung auf themenbezogene Feste (z.B. Indianer-, Piraten-, Hexen- und Gespensterfeste) die Kinder viele Wochen hindurch begeisterte und unter Einbeziehung der Eltern kreative Kräfte freisetzte.

In diesem Buch stelle ich mit dem Thema „Indianer" eine Fülle von Hintergrundwissen und viele erprobte Angebote für den musischen Bereich vor. Dabei gibt die Kassette von Ulrich Maske mit den eingesungenen Indianerliedern weitere wichtige Impulse.

Indianerthemen sprechen Mädchen und Jungen gleichermaßen an. Zunächst werden wohl die Jungen bei der Aussicht „anspringen", einen Tomahawk oder einen Totempfahl zu gestalten, ein Tipi im Garten zu bauen oder am Lagerfeuer „patos" (Kartoffeln) zu braten.

Im Kindergarten- und Grundschulbereich sind vor allem Frauen erzieherisch tätig. Ich habe als Mutter eines Sohnes erfahren, daß Jungen oft frustriert von den „Blumen- und Käferfesten", von den „Katzen- und Mäuseliedern" sind. „Das ist was für Mädchen", hat unser damals fünfjähriger Michael oft gesagt. Die Jungen in meiner Kindergruppe waren begeistert von Indianer-, Gespenster- und Räuberliedern, von den Abenteuern der

Geister, Ritter, Piraten, Entdecker und Astronauten. Die Mädchen natürlich nicht weniger. Oft habe ich erlebt, daß gerade sie auf faszinierende Weise Räuber und Piraten darstellten oder als Indianerinnen mutig die Büffelherde verfolgten.

Für den phantasiereichen und lebendigen Umgang mit der Indianerkultur will ich in diesem Buch wichtige Impulse geben. Mit Indianern singen, tanzen, am Lagerfeuer sitzen und Geschichten hören, mit ihnen basteln, malen, töpfern, sticken, weben - das sind gemeinsame Aktivitäten, die Kinder immer wieder neu faszinieren. Ich möchte in diesem Buch versuchen, viele Bausteine der indianischen Kultur, ihre Schönheit und Weisheit zusammenzutragen und das Bewußtsein zu wecken, daß wir Europäer trotz unserer technischen Errungenschaften und unseres Fortschrittglaubens viel von den Indianern lernen können. Dazu gehört auch das Wissen der Indianer, daß wir Menschen das Gleichgewicht in der Natur nicht stören dürfen, daß der Mensch ein gleichberechtigter Partner von Fluß und Erde, von Steinen und Bergen, von Tieren und Pflanzen ist und daß er die Natur nicht ausbeuten und zerstören darf.
Dabei stelle ich mir vor, daß wir als ErzieherInnen und LehrerInnen die

Eltern zur Planung, Vorbereitung und Durchführung solcher Projekte mit heranziehen sollten. Ich habe in Kindergruppen erlebt, daß die Eltern begeistert ihre Ideen zu dem Thema „Indianer" beisteuerten und weder Mühe noch Zeit scheuten, um beim Aufbau der Tipis, bei der Anfertigung der Indianerkostüme oder beim Konstruieren und Schmücken großer Totempfähle zu helfen.
Solche gemeinsamen Projekte schaffen die Grundlage für ein Lernen, wie es Armin Krenz in seinem Buch „Der ‚Situationsorientierte Ansatz' im Kindergarten" formuliert: „Der Erfolg des schulischen Lernens hängt davon ab, wie intensiv Kinder Neugierde und Motivation zur Verfügung haben, Spaß am Lernen zu entfalten."

Wer nach jahreszeitlich bezogenen Themen sucht, findet in diesem Buch eine Reihe von Geschichten, Reimen, Bastelarbeiten und Spielen für die Frühlingszeit.

ENTDECKER UND UREINWOHNER DER NEUEN WELT

Der Seefahrer Christoph Kolumbus hat im Jahre 1492 Amerika entdeckt. Als er nach wochenlanger mühsamer Schiffsreise mit seiner Karavelle Santa Maria die Küste der Insel San Salvador auftauchen sah, glaubte er, Indien erreicht zu haben. Er gab den ersten Menschen, denen er begegnete, den Namen „Indianer". Die Franzosen, die später Teile Nordamerikas besiedelten, nannten sie „Rothäute".

Kolumbus ist übrigens nicht der erste Weiße gewesen, der seinen Fuß auf die Erde der Neuen Welt gesetzt hat. Schon um das Jahr 1000 hat Leif Eriksson von Island aus mit seinen Wikingerschiffen das heutige Kanada und Neufundland erreicht. Diese Entdeckung geriet aber wieder in Vergessenheit.

Nur wenige Weiße, die nach Kolumbus die Neue Welt betraten, kamen als Freunde zu den Indianern. Die meisten trieb die Habgier. Sie interessierten sich nicht für die Lebensweise der Ureinwohner Amerikas. Sie wollten Gold und Land. Die Indianer störten sie dabei nur. Was nicht niet- und nagelfest war, schleppten die neuen Herrscher fort. Deshalb kam es zu vielen Kriegen zwischen den Indianern und den Weißen. Immer mehr Menschen kamen in die Neue Welt, um hier ihr Glück zu finden. Sie töteten viele Indianer, besiedelten ihr Land und zerstörten ihre Dörfer und Städte. Manche starben auch an den Krankheiten, die die Weißen aus ihren Ländern einschleppten.

Erst viel später haben Wissenschaftler festgestellt, daß die ersten Indianer nicht aus Amerika stammen, sondern aus Asien. Die beiden Kontinente waren vor vielen tausend Jahren durch eine Land- oder Eisbrücke verbunden. Die Beringstraße, die Wasserstraße zwischen Sibirien und Alaska, ist auch heute nur rund 80 Kilometer breit. Über diese Landbrücke zogen damals Büffel und Mammute. Asiatische Völkerstämme folgten ihnen auf diesen Wanderwegen von Asien nach Amerika. Durch Ausgrabungen von Waffen und Skeletten haben Forscher festgestellt, daß seit mehr als 20 000 Jahren Menschen auf dem amerikanischen Kontinent leben.

Die Menschen, die während Tausender von Jahren die Neue Welt erreichten, unterschieden sich nicht nur im Körperbau, sondern sie hatten auch ganz verschiedene Lebensweisen und Sprachen. In ihrer neuen Heimat veränderten sie sich und besiedelten ganz Amerika. So unterscheiden sich auch heute noch die Indianer der verschiedenen Stämme deutlich voneinander.

WIE DIE STREITÄXTE BEGRABEN WURDEN

(frei erzählt nach einem alten Indianermärchen)

Draußen tobt ein wilder Frühjahrssturm. Er reißt die Zweige von den Bäumen und wirbelt das Wasser unten am Fluß hoch auf. Aber drinnen im Indianerzelt, im Tipi, ist es warm und

gemütlich. Großmutter Gelber-Mais legt Holzscheite nach, daß die Flammen hochschlagen. Die Kinder Flinker-Hirsch und Rote-Blume sind nahe an das Feuer gerückt. Großmutter stopft sich eine Pfeife mit Weidenrinde und Kräutern. Ein würziger Duft zieht durch das Tipi.

„Großmutter, erzähl' uns doch noch mal die Geschichte von der Streitaxt", bettelt Rote-Blume. Sie ist ein stilles, freundliches Indianermädchen, das es nicht gern hat, wenn die Jungen ihre wilden Spiele treiben. Wenn sie die Mädchen an den Marterpfahl binden und so tun, als ob sie mit den Pfeilen auf sie schießen. Großmutter zieht an ihrer Pfeife. Dann fängt sie an zu erzählen: „Es ist lange, lange her. Da lebte in einem Dorf ein sehr weiser Häuptling. Er war traurig darüber, daß die Indianer so viele Kriege gegeneinander führten. Viele junge Indianer mußten dabei sterben. Viele junge Frauen verloren ihre Männer und die Kinder ihre Väter.

‚Ein Indianer sollte nicht an Krieg und Tod, sondern an Frieden und Arbeit denken', dachte der weise Mann. ‚Es ist nicht gut, daß die Indianer sich den Skalp von ihrem rothäutigen Bruder nehmen und an den Gürtel hängen.' "

„Aber Onkel Tapferer-Bär hat drei Skalps umgebunden und ist stolz darauf", wirft Flinker-Hirsch ein.

„Onkel Tapferer-Bär sollte immer wieder diese alte Indianer-Geschichte hören", sagt Großmutter Gelber-Mais traurig.

13

ie zieht an ihrer Pfeife und fährt fort. „Der weise Häuptling wählte zwei tapfere Jünglinge aus. Sie sollten die Friedensbotschaft an die Indianer in der Nachbarschaft überbringen. Gefährliche und weite Wege mußten sie zurückzulegen. Durch Dickicht und Sümpfe kamen sie nur mühsam voran. Da nahm der eine Jüngling die Gestalt eines Wolfes an, und der andere verwandelte sich in eine Eule. Als die beiden in die Nähe des Dorfes kamen, nahmen sie wieder ihre Menschengestalt an und vergruben alle ihre Waffen. Sie überbrachten dem Häuptling die Botschaft des Friedens. Der alte Indianer sagte: ‚Euer Vorschlag gefällt mir. Aber ich muß mich erst mit den anderen Kriegern beraten. - Solange seid ihr meine Gäste.‘

Als die anderen Indianer die Botschaft gehört hatten, stimmten viele mit Freuden zu. Sie wußten, wieviel Leid und Unglück die Kriege über ihre

Familien gebracht hatten. Nur einige ganz junge, kräftige Indianer, die vor Kampfeslust strotzten, murrten und wollten aufbegehren. Aber der alte Indianer sagte: ‚Wenn das vergossene Blut der Krieger ein großer Fluß wäre, würde dieser alles überschwemmen und das Land rot färben. Wir wollen auf die Pfade der Jagd und nicht auf die schrecklichen Wege des Krieges ziehen. Krieg ist Tod und Untergang.'

Da schwiegen die kampfeslustigen Krieger. Als die beiden Jünglinge hörten, daß die Indianer den Frieden wollten, kehrten sie schnell zu ihrem Lager zurück. Voller Jubel wurden sie empfangen. Nach drei Tagen trafen sich die Indianerstämme auf einer großen Wiese. Die Häuptlinge warfen als erste ihre Streitäxte hin und gaben sich brüderlich die Hand. Alle anderen folgten ihrem Beispiel. Es gab es ein großes Fest. Alle tanzten und sangen miteinander. Es war ein so schönes Fest, daß sogar die Sonne nicht müde wurde, dem Tanz des Friedens und des Glücks zuzuschauen. Noch lange leuchtete sie mit ihrem glänzenden Abendrot am Himmel, als Zeichen, daß sich auch die Gestirne über die Botschaft des Friedens freuen."

„Das ist eine schöne Geschichte", sagt Rote-Blume. Doch Flinker-Hirsch zieht etwas unwillig die Augenbrauen zusammen. „Aber mit dem Pfeil schießen und mit dem Speer werfen, das darf ich doch, wenn ich auf die Jagd gehe", fragt er. „Wenn du nur so viele Tiere jagst, wie du zum Leben brauchst, dann darfst du sie schießen", antwortet Gelber-Mais. „Wir Indianer sind nicht wie viele Weiße, die so achtlos mit Tieren und Pflanzen umgehen. Wir achten jede Blume und jedes Tier, denn sie sind unsere Brüder und Schwestern."

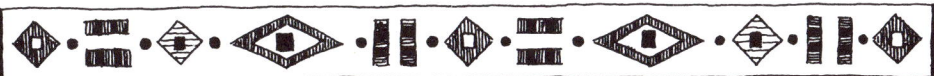

DAS GROSSE GEHEIMNIS

Schon wochenlang haben sich die Kinder der „Indianergruppe" auf das große Indianerfest gefreut. Sie haben sich selbst tolle Indianernamen ausgesucht. Inga ist die Gelbe-Maisblüte, Lukas ist das Große-Horn, Florian ist der Grasvogel, und Michael ist der Häuptling Adlerfeder.
„Das macht richtig Spaß, Federpfeile zu basteln", ruft Gelbe-Maisblüte. Sie hat schon fünf Pfeile vor sich liegen. Geschickt hat sie mit einem Korkenzieher Löcher in die Korken gebohrt und bunte Federn hineingesteckt.
Die Jungen malen und kleben ihren Kopfschmuck. Sie verzieren das Stirnband mit bunten Zick-Zack-Mustern und kleben bunte Federn dran. „Du, deine Indianer sehen toll aus", sagt Florian und hält eine kleine Indianerfrau in die Höhe. „Hilfst du mir, auch einen Indianer zu basteln?" „Ja, gern", sagt Inga und zeigt ihm, wie sie die schwarzen Wollhaare an der Holzkugel befestigt.

Nun wollen auch Michael und Lukas kleine Indianerfiguren basteln. Nach einer Weile sagt Inga leise: „Ich zeig' euch ein ganz tolles Indianerkanu aus Eierkartons, wenn ihr mich mitnehmt zu eurer Mutprobe." „Nein, kommt nicht in Frage", sagt Michael zögernd, „Mutproben, das sind Männersachen." „Ich zeig' euch auch, wie man in echt eine Friedenspfeife basteln kann", setzt Inga hinzu. Die drei Jungen beraten eine Weile. Dann sagt Häuptling Adlerfeder: „Gelbe-Maisblüte darf mitmachen, aber erst mal zur Probe. Aber Indianer können schweigen. Das mußt du schwören beim großen Manitou!"

Gelbe-Maisblüte hebt den Finger zum Schwur: „Ich gelobe es beim großen Häuptling, hugh!"
Am nächsten Tag geht es im Kindergarten hoch her. Draußen auf der Wiese haben die Eltern ein Feuer angemacht. Sie haben Steine übereinandergeschich-

tet und
einen Wind-
schutz errich-
tet. Bald duftet es
nach Maissuppe, nach Fleischbällchen
und Würstchen. Die verschiedenen
Gruppen führen ihre Indianertänze vor,
Trommeln und Rasseln begleiten die
wilden Tänzer. Als die Gruppe von
Adlerfeder ihren Tanz beendet hat, stößt
der Häuptling seinen Eulenschrei aus.

Schnell lösen sich Grasvogel, Großes-
Horn und Gelbe-Maisblüte von der
Gruppe. Unbemerkt laufen sie ums Haus
herum bis zur hohen Mauer. Davor stehen die hohen Tannen und Kastanien-
bäume. „Indianer können gut klettern.
Rauf auf den Baum! In den Ästen verstecken!" befiehlt Adlerfeder. „Mann,
das piekt ja", stöhnt Gelbe-Maisblüte.
„Indianer haben keine Schmerzen",
zischt Adlerfeder ihr zu.

Grasvogel und
Großes-Horn sind
schon in den dich-
ten Tannenzweigen
verschwunden. End-
lich hat Gelbe-Mais-
blüte es auch ge-
schafft. „Huch, hier ist
ja ein richtiges Baum-
haus", ruft sie. „Hier
sind unsere geheimen
Schätze", sagt Adlerfe-
der ernst. „Kastanien,
Nüsse, Maismehl und
viele geraubte Felle und
ein Skalp von einem
Weißen. Wenn an der
Straße wieder ein Baum
gefällt wird, dann legen

17

wir Kastanien und Nüsse an die Wurzeln und streuen gutes Maismehl darüber. Die Bleichgesichter verstehen das nicht. Aber wir Indianer wissen, daß man die Bäume nicht verletzen darf."

„Mann, ihr seid ja wirklich echte Indianer", staunt Gelbe-Maisblüte. Und dann setzt sie zögernd hinzu: „Und die Mutprobe? Sagt bloß, ihr wollt von der Riesenmauer auf die Straße springen. Das mach' ich nicht mit!"

„Indianer verletzen sich nicht leichtsinnig. Indianer werfen sich auch nicht vor die stinkigen Blechkisten", sagt Adlerfeder ernst. „Indianer ziehen auf Kriegspfad, wenn sie sich wehren müssen gegen die Bleichgesichter, die ihnen ihr Land wegnehmen wollen. Und Indianer schließen Blutsbrüderschaft. Gib deine Hand her!"

Adlerfeder betupft den Zeigefinger von Gelber-Maisblüte mit einigen Tropfen Alkohol. Den hat er in einer Miniflasche mitgebracht. Dann holt er eine spitze Nadel und taucht sie in Alkohol.

„Feuerwasser ist nicht gut zum Trinken", sagt er. „Aber für Wunden ist es wichtig. Luft anhalten", befiehlt er. Dann sticht er ganz geschickt in die Fingerkuppe von Gelbe-Maisblütes Zeigefinger. Ein kleiner Tropfen Blut sickert heraus. Gelbe-Maisblüte hat nicht gezuckt oder geschrien. „Die Squaw ist sehr tapfer", sagt Adlerfeder. Schnell sticht er auch den anderen Indianern und sich selbst in den Finger. „Blut zu Blut", sagt er leise. „Auf daß wir ewig Freunde bleiben!" Die vier Indianer halten Ihre Finger dicht übereinander, daß die Blutstropfen zusammenfließen.

„Aussaugen! Pflaster drauf!" befiehlt Adlerauge.

„So, nun noch die Gesichter schwarz anmalen, und dann geht's zurück zum Feuer! Das Fleisch duftet ja bis hierher."

„Hugh, hugh, großer Häuptling", rufen die anderen Indianer. Mit lautem Indianergeheul stürzen sie los zu den anderen, die schon eifrig beim Essen sind.

„Wo warst du denn", fragen Dennis und Thomas. „Großes Geheimnis", sagt Gelbe-Maisblüte lachend.

INDIANER AUF FÄHRTENSUCHE

Im ganzen Raum werden einzelne kleine
Styroporstücke als zusammenhängende
Fährte eines fliehenden Tieres ausgelegt.
Die Indianerkinder müssen nun dieser Spur
bei Nacht ganz leise folgen.
Die Kinder tasten sich vorsichtig auf allen
Vieren mit geschlossenen Augen von Spur
zu Spur. Dabei sollen die Styroporstücke
möglichst nicht verrückt werden. Wenn kleine
Kinder dabei Angst empfinden, kann ein
anderes Kind oder der Spielleiter es lenken.
Das ist ein sehr stilles und konzentriertes
Spiel, das nach einem wilden Indianerspiel
der Kinder zur Ruhe führen kann.

WAS SCHNELLER-PFEIL UND WOLFSOHR ERLEBEN

Diese Geschichte spielt in ferner Zeit, als die Büffelherden noch über die Prärie zogen. Die Indianer brauchten noch keine Angst zu haben, daß die Weißen mit ihren krachenden Donnerbüchsen die Büffel töteten und den Indianern die Weideplätze raubten. Es gab noch keine grauen Asphaltstraßen und keine Schienenstränge, die das grüne Land durchschnitten, keine Telegraphenmasten, kein Telefon, kein elektrisches Licht. Die Geschichte spielt vor 700 bis 800 Jahren.
Wenn die Kinder merken, daß beim Erzählen Begriffe aus der Neuzeit einfließen, dann rufen sie laut: Hugh! Hugh! (sprich: Hau! Hau!). Wenn Bewegungsimpulse in der Geschichte vorkommen, können die Kinder sie pantomimisch aufnehmen.

Es ist noch ganz früh am Morgen.
Über die Indianerzelte, die Tipis,
fährt ein leichter Wind von den Bergen
her. Die Frühjahrssonne hat erst vor
wenigen Tagen den Winter vertrieben.
Noch ist es kalt, und die Tautropfen hängen
an den Gräsern. Aus der Ferne tönt das
Rattern des **ICE** auf den Schienen.

Kinder: Hugh! Hugh!

Viel näher ist das Zwitschern der Vögel
in den Zweigen. Die alte Eule, die hoch
oben im Baumstumpf wohnt, läßt noch
einmal ihr Hu-hu hören, bis sie in ihr Loch
hoch oben in dem alten hohen Baum
kriecht. Der kleine Indianerjunge
Schneller-Pfeil ist aufgewacht. Er rollt
sich aus dem warmen Bärenfell heraus,
das die Mutter mit der **Nähmaschine**

Kinder: Hugh! Hugh!

zusammengenäht hat. Die Mutter
Gute-Sonne ist sehr geschickt.
Sie ist schon längst auf den Beinen und

macht das **Fertig-Müsli** für den kleinen
Bruder Funkelnder-Stern fertig.
Schneller-Pfeil reckt die Arme hoch.
Dann kriecht er aus dem Tipi heraus.
Er springt fünfmal ganz hoch und schlägt die
Arme über dem Kopf zusammen.
Damit weckt er seinen Blutsbruder,
den kleinen Wolfsohr, der im
Zelt nebenan schläft. Wolfsohr hat seinen
Namen bekommen, weil er so gut hören
kann. Er kann den Ruf der Eule von dem
Schrei des Habichts genau unterscheiden.
Er weiß, ob ein Kojote oder Wolf heult.
Er kennt das Geräusch der verschiedenen
Automotoren. Er vernimmt auch das leise
Zischen der giftigen Schlange und warnt
die anderen, wenn sie im Gras liegen und
sich sonnen. Wolfsohr kriecht aus dem
Tipi heraus. Er springt dreimal ganz hoch
und schlägt die Hände vor die Brust.
Dann macht er den „Indianerhampelmann".
Dabei klatscht er laut die Hände über
dem Kopf zusammen, bis er ganz außer Atem
ist. Die Jungen laufen schnell zum Fluß
hinunter. In der Ferne können sie das
große **Kraftwerk** erkennen.
Das ist gebaut worden, weil man dort für die
vielen **Küchengeräte** in den Tipis **Elektrizität**
erzeugen kann. Auch für den **Fernseher** im Zelt,
ohne den der Vater Großer-Adler keine
Wetterberichte sehen könnte.
Diese Nachrichten sind sehr wichtig, damit er
weiß, ob es Regen oder Sturm geben wird, wenn
sie auf Jagd gehen. Die alte Großmutter

Kinder: Hugh! Hugh!

**Die Kinder nehmen
die Bewegungen auf**

Kinder: Hugh! Hugh!

**Die Kinder ahmen den
Hampelmann nach**

Kinder: Hugh! Hugh!

Kinder: Hugh! Hugh!
Kinder: Hugh! Hugh!

Kinder: Hugh! Hugh!

Gelber-Mais sagt, das sei alles
neumodisches Zeug. Sie guckt lieber
nach den Wolken und nach der
Abendsonne. Dann weiß sie genau, wie
am nächsten Tag das Wetter werden
wird. Die beiden Freunde binden den
Lendenschurz ab und streifen die
Mokassins von den Füßen. Dann
springen sie ins Wasser. Hu - ist das kalt!
Von den Bergen strömt noch immer
Schmelzwasser in den Fluß. Hier gibt
es viele Fische. Hei, kleine Indianerjungen
sind geschickt! Schneller-Pfeil greift
ein paarmal ins kalte Wasser. Schon
zappelt ein Fisch in seiner Hand. Da,
noch einer! Schnell wirft er sie ins
Gras, damit sie ihm nicht aus der Hand
gleiten. „Die Fische sollen doch nicht
leiden", denkt er. „Fische und Biber,
Bäume und Büffel, Mäuse und Eulen -
alle sind unsere Freunde. Wir gehen
gut mit Freunden um. Wir töten die
Tiere nicht aus Spaß wie die Weißen.
Wir müssen sie töten, wenn wir Hunger
haben und etwas zum Essen brauchen."
Auch Wolfsohr hat zwei Fische gefangen.
Die Jungen sammeln vom Boden Zweige
auf und stecken die Fische darauf. Sie
streifen den Lederschurz und die
Mokassins über und laufen durch das
hohe Gras zu den Tipis zurück. „Das
habt ihr fein gemacht", lobt die Mutter
Gute-Sonne die beiden. Auch
Silberner-Mond, die Mutter von

**Die Kinder nehmen die
Bewegungen auf**

22

Wolfsohr, freut sich. „Heute mittag braten
wir die Fische am offenen Feuer",
sagt Gute-Sonne. „Und dann **toasten**
wir **Weißbrot**, und zum Nachtisch
gibt es **italienisches Eis**."
„O ja," rufen die beiden Jungen,
„und wir laufen dann zum **Supermarkt**
im letzten Tipi drüben und kaufen
leckere **Gummibärchen**!"
Nun kommen auch schon die anderen
Indianerkinder angelaufen. Jungen und
Mädchen fassen sich an den Händen
und tanzen um das Feuer herum.

Kinder: Hugh! Hugh!
Kinder: Hugh! Hugh!
Kinder: Hugh! Hugh!

Kinder: Hugh! Hugh!

Kinder: Hugh! Hugh!

**Die Kinder nehmen die
Bewegung auf**

23

WIR BASTELN MIT INDIANERKINDERN

Kopfschmuck für stolze Indianerkinder

Material: Tonpapier in verschiedenen Farben, Filzstifte, Schere, Heftklammergerät, Gummiband

Arbeitsanleitung:

Den Kopfumfang des Kindes abmessen und einen Streifen Tonpapier von etwa 4-5 cm Breite zurechtschneiden. Dann einen Streifen Tonpapier (etwa 18 cm Länge, 11 cm Breite) in der Mitte falten und die Form eines halbierten Blattes ausschneiden (siehe Abbildung). Nun werden rechts und links vom Falz viele schmale Einschnitte angebracht. Jetzt die einzelnen Papierteile etwas zurechtbiegen, damit die Feder etwas „zerfleddert" aussieht. Auf die gleiche Weise mehrere Federn anfertigen und auf die Rückseiten längs schmale Streifen heften, um die Federn zu verstärken.

Nun werden die Federn am Stirnband mit dem Heftklammergerät befestigt. Das Stirnband kann mit bunten Indianermustern verziert oder beklebt werden (siehe Abbildung). Mit einem Gummiband wird es zusammengehalten. Für einen Häuptling kann es nach hinten verlängert und mit vielen Federn versehen werden.

Idee: Renate Leschner, Kindergarten Heikendorf

Indianerketten selbst gemacht

Material: Ein Stück Schnur, etwa 80 bis 100 Zentimeter lang, kleine Federn, Strohhalme, Zwirn, Flaschenkorken, runde und eckige Holzperlen, Glasperlen, Glöckchen, Stoffreste, Knöpfe, Nadel, Schere.

Arbeitsanleitung:

Die Korken in schmale Scheiben schneiden und die Strohhalme kürzen. Dann kleine bunte Stoffreste zurechtschneiden. Nun die einzelnen Schmuckteile auffädeln und mit einem Zwirnfaden einige Federn dazwischen binden.

Idee: Kindergarten Weingasse, Horb

Schmuck mit bunten Frühlingsfedern

Material: Wellpappe, Wachsstifte oder Buntstifte, Kleber, Gummiband, viele bunte Federn.

Arbeitsanleitung:

Einen etwa fünf Zentimeter breiten Streifen Wellpappe zurechtschneiden, am Kopf des Kindes die Länge abmessen und anschließend zu einem Ring zusammenkleben oder -heften. Noch besser sitzt der Ring, wenn man ihn etwas kürzer abmißt, die Enden des Streifens locht und sie mit einem Gummiband verbindet.

Dann die Außenfläche des Rings mit Indianermustern bemalen, die Federn am Kiel mit Klebstoff versehen und in die Rillen stecken. Schöner wird der Kopfschmuck, wenn man an der Nahtstelle des Rings noch einen langen Streifen befestigt, der ebenfalls bemalt und mit Federn versehen wird.

Ein Tomahawk für den Indianerhäuptling

Material: Papprolle vom Haushaltspapier, Tonpapier, Alufolie oder Silber-Schokoladenpapier, Bleistift, Schere

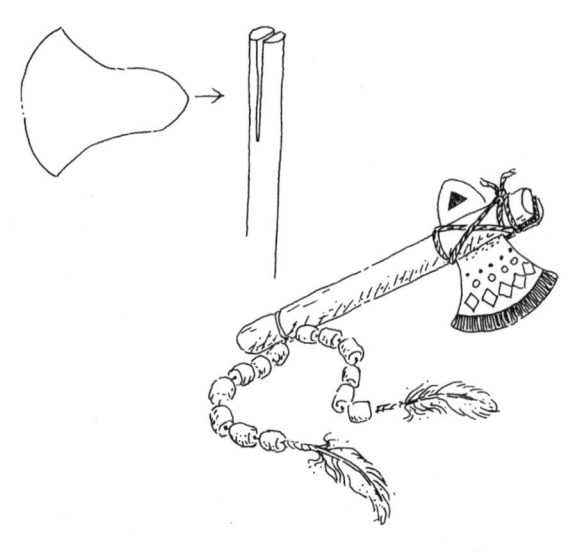

Arbeitsanleitung:

Die Papprolle schwarz oder dunkelbraun anmalen. Dann die Form des Beils auf festes Tonpapier oder Karton zeichnen, ausschneiden und mit Silberfolie bekleben. In das eine Ende der Papprolle zwei Schlitze schneiden und das Beil durchstecken (siehe Abbildung).

Idee: Kindergarten Weingasse, Horb

Indianertrommeln

Material: Leere Chips- oder Waschmitteltonnen, Plastikfolie, Stoff, Lederreste, bunte Farben, Klebeband.

Hand, Kochlöffeln etc. Das gibt jeweils einen anderen Trommelschlag.

Arbeitsanleitung:

Die Indianertrommel mit vielen bunten Indianermustern (siehe Abbildung) verzieren. Dann so stramm wie möglich mit Plastikfolie, Leder- oder Stoffresten bespannen und mit Klebeband befestigen. Getrommelt werden kann mit den Fingern, der flachen

Kleine Indianerfiguren

Material: leere Rollen Toilettenpapier, Buntpapier, Pfeifenputzer, Wollreste (Streifen von Wollproben aus dem Wollgeschäft), Kleber, Schere

Arbeitsanleitung:

Die Rolle mit Buntpapierstreifen in verschiedenen Brauntönen bekleben und dann Augen, Mund und Nase aus Tonpapier aufkleben. Als „Federn" werden bunte Wollreste auf dem Kopfteil festgeklebt. Einige Wollfäden an den Seiten herunterhängen lassen.

Bongos für den Frühlingstanz

Material: Pappröhren in unterschiedlicher Länge und Dicke, die an einer Seite offen sind, breite Pappschnur, bunte Farben, Klebeband.

Arbeitsanleitung:

Die Röhren mit Indianermustern bemalen. Stramm mit Plastikfolie bespannen und mit der breiten Pappschnur fest zusammenbinden. Je nach Länge und Breite ergibt das besondere Klänge.

An beiden Seiten der Figur in Höhe des Bauches ein Loch einstechen und den Pfeifenputzer durchziehen. An diese „Arme" Hände aus rosa Tonpapier kleben.

Idee: Renate Leschner, Kindergarten Heikendorf

GROSSER HÄUPTLING BEIM STAMMESRAT

In der Mitte des Kreises sitzt der große Häuptling und will die erste Versammlung im Frühling abhalten. Dazu braucht er verschiedene Utensilien, die er im langen Winter verlegt hat und die nun im Raum versteckt sind. Die Indianerkinder müssen sie suchen und ihm bringen: seine Friedenspfeife, verschiedene bunte Adlerfedern, den Federkopfschmuck, eine bunte Kette, einen Umhang, einen Totempfahl, einen Speer, Rasseln, Mosaiks, Poncho, Kriegsbeil (Tomahawk), Schild, Büffelhaut (Decken), Holzstücke, Kartoffeln, Fladenbrot etc. Das Indianerkind, das die meisten Utensilien gefunden hat, darf als erstes an der Friedenspfeife ziehen und ein Stück Fladenbrot essen. Am Schluß setzen sich alle Kinder um den Häuptling zusammen, der das Fladenbrot (und eventuell Nüsse, Bananen) verteilt. Die Kinder können nun eine Indianergeschichte hören und Indianerlieder singen.

ADLERFEDER AM MARTERPFAHL

Ein Indianer ist von den Weißen an einen Marterpfahl gebunden worden. Nun soll er wieder befreit werden. In der Kreismitte befindet sich der „Marterpfahl" (ein Stuhl, an dem recht lose der Häuptling festgebunden ist). Die Weißen im Kreis müssen die Augen schließen, denn es ist Nacht. Jetzt schleichen die Indianer vorsichtig heran und versuchen, in den Innenkreis zu gelangen. Wenn ein Weißer merkt, daß ein Indianer über ihn gestiegen ist, soll er laut „Halt" rufen. Wenn seine Vermutung richtig war, muß der betreffende Indianer ausscheiden. Wenn der Weiße falschen Alarm gegeben hat, muß er selbst ausscheiden. Nach einer Weile werden die Rollen gewechselt. Sieger ist die Mannschaft, die es in einer bestimmten Zeit geschafft hat, den Indianer zu befreien, oder die wenigsten Verluste aufzuweisen hat.

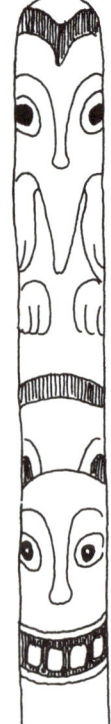

BITTE UM REGEN

Mit Klatschen oder Trommeln

O Re - gen, Re - gen, komm her - ab,

Tropf, tropf,

Plitsch - platsch,

komm her - ab, komm her - ab. O Re - gen, Re - gen,

tropf, tropf, tropf,

plitsch - platsch, plitsch -

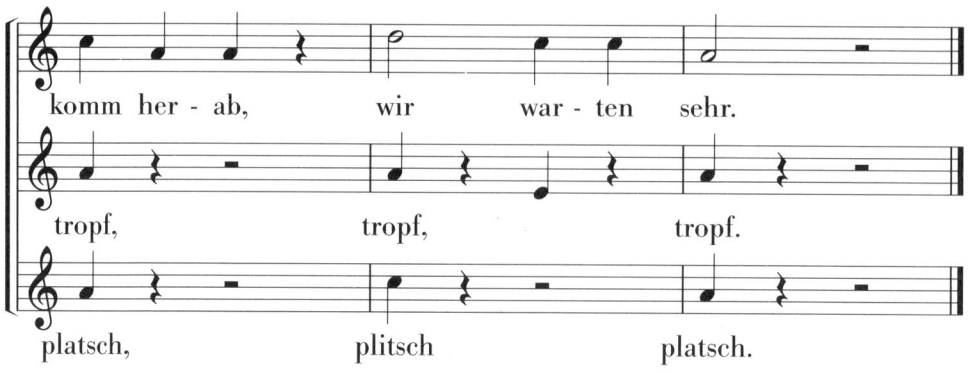

komm her - ab,   wir   war - ten   sehr.

tropf,   tropf,   tropf.

platsch,   plitsch   platsch.

Die 2. und 3. Strophe sind ein Angebot – so kann man in der Gruppe einen einfachen mehrstimmigen Gesang üben, einige können Percussionsinstrumente bedienen, das Ganze kann sich Stück für Stück aufbauen, ein kleines Regenfest …

2

SO VIELE STÄMME, SO VIELE SITTEN

Bevor die ersten Weißen in die Neue Welt kamen, lebten in Nord-, Mittel- und Südamerika viele Indianerstämme. Allein in Nordamerika gibt es verschiedene Landschaftszonen, in denen sich mehr als hundert Indianerstämme ansiedelten.

An der Nordküste, etwa im Gebiet des heutigen Kanada, war die Heimat der Küstenindianer. Sie lebten von der Jagd und der Fischerei. Die Indianer der Nordküste bauten Kanus aus Birkenrinde, die auf langen Reisen bequem von einem See zum anderen getragen werden konnten.

Die Mitte Nordamerikas war das Gebiet der Prärieindianer. Sie waren Nomaden, die den großen Büffelherden folgten und sie jagten. Sie fingen auch die ersten verwilderten Pferde ein, die von den Spaniern nach Amerika gebracht worden waren. Die Prärieindianer zähmten die Tiere und lernten, sie zu reiten.

Im Nordosten Nordamerikas, im Gebiet der großen Seen und Wälder, lebten die Waldindianer, zu denen der berühmte kriegerische Stamm der Irokesen gehörte. Sie bauten zum Schutz gegen Feinde Palisaden um ihre Dörfer.

Im Südwesten und im Gebiet des heutigen Mexiko waren die Pueblo-Indianer zu Hause, die als Bauern Kürbisse, Mais und Bohnen anpflanzten. Sie bauten ihre Häuser aus einer Mischung von Lehm und Stroh, die in der Sonne getrocknet wurde. Die Häuser der Pueblo-Dörfer waren aus würfelförmigen Quadern aufeinandergetürmt. Die einzelnen Stockwerke waren durch Leitern verbunden. Diese Bauform hielt die große Hitze ab.

In Mittel- und Südamerika leben auch heute noch die meisten Indianer. Die Inkas, Mayas und Azteken zählen zu den ältesten und berühmtesten Stämmen Amerikas. Sie hatten Städte, ansehnliche Häuser, hochentwickelte Künste, konnten lesen und schreiben und beschäftigten sich mit Astronomie.

Während die meisten noch existierenden Stämme Nordamerikas heute in Reservaten (kleinere Gebiete, die ihnen von den Weißen zugeteilt wurden) leben, gibt es in Südamerika noch freilebende Stämme. Viele leben versteckt in den Regenwäldern, verfolgt von Menschen, die das Land und dessen Bodenschätze haben wollen.

KLEINER-BÄR BEKOMMT EIN KANU

Kleiner-Bär hockt am Schilfrand. Ganz still sitzt er da. Eine schöne zarte Libelle schwirrt zwischen den Schilfgräsern entlang. Wie ihre blauen Flügel schimmern! Ein leichter Wind kräuselt das Wasser. Die Mücken tanzen tief über dem Wasserspiegel.

Da, etwas Silbernes schießt empor, einmal, noch einmal. Der Junge taucht die Hand vorsichtig ins Wasser, daß keine Wellen entstehen. „Das nächste Mal fange ich einen Fisch", denkt er, „vielleicht den mit den silbernen Schuppen." Kleiner-Bär hat viel Geduld. Er kann warten. Auf einmal packt er zu. Der Fisch zappelt in seiner Hand. Er schlägt beide Hände um den glatten Fischkörper. „Ich hab' ihn! Ich hab' ihn", ruft er und läuft schnell zum Zelt hinüber. „Kleiner-Bär hat einen ganz großen Fisch gefangen", ruft bewundernd die kleine Schwester Glitzernder-Stern. „Kleiner-Bär ist sehr geschickt!"

Auch Vater und Mutter loben ihn. „Es wird Zeit, daß er ein eigenes Kanu bekommt", sagt der Vater. „Kleiner-Bär kann ja auch schon gut schwimmen."

Am nächsten Tag geht der Vater mit seinem Sohn in den Wald, dorthin, wo die hohen Zedernbäume stehen. Zedern haben gutes festes Holz. Immer wieder schlägt der Vater mit dem scharfen Beil in den Stamm hinein. Endlich fällt der Baum krachend um. Kleiner-Bär vergräbt einige Nüsse, ein paar frische Triebe und gutes Maismehl zwischen den Wurzeln. „Sei nicht böse, lieber Baum, wir mußten dich umhauen. Es werden neue Triebe aus deinen Wurzeln wachsen!" Dann dankt der Vater dem Großen Geist für das gute Holz.
Am nächsten Tag holen sie Rinde von den Birken. Dann zimmert der Vater das Geripppe für das Boot. Das dauert lange, viele Tage vom Sonnenaufgang bis zum Untergang. Danach spannt er die Rinde darüber und sichert alle Ritzen gut ab. Vorn und hinten hat das Boot eine gebogene Spitze. In der Mitte hat Vater zwei Sitze angebracht. Dann schnitzt er noch ein schönes Muster in die Seitenwände und malt sie bunt an. Zum Schluß schnitzt er die Ruder. Die haben vorn die

Form eines Fischkopfes und hinten die Form einer Schwanzflosse. Dann holt er die Angeln. „Faß das Boot hinten an! Es ist ganz leicht", ruft er seinem Sohn zu. Und wirklich, bald haben sie das Kanu bis zum Wasser getragen.

Schnell und sicher gleitet das Boot durchs Wasser. Kleiner-Bär sitzt vorn, und der Vater steuert das Kanu vom hinteren Sitz aus. Wie Perlen gleiten die Wassertropfen von den Rudern. Am Rand des Schilfs binden sie das Boot fest. Kein Windzug bewegt das Wasser. Nur die Angelschnüre tanzen leise auf den Wellen ... Schwupp - auf einmal muß Kleiner-Bär die Angelschnur ganz stark festhalten. „Vater, da muß ein großer Fisch dran sein", flüstert er. Der Vater greift mit zu. In hohem Bogen ziehen sie die Angel aus dem Wasser. Was für ein Prachtfisch mit glitzernden Schuppen zappelt da auf dem Boden des Kanus! Der Vater tötet ihn mit einem Schlag. Aber die Flossen zucken immer noch hin und her.
„Du bist ein tüchtiger Fischfänger", lobt der Vater seinen Sohn und streicht ihm über den Kopf. „Du kannst bald ganz allein für das Essen sorgen." Da strahlen die dunklen Augen von Kleiner-Bär.

34

KLAGENDE-EULE UND DIE PONYS

(erzählt nach einem alten Indianermärchen)

Klagende-Eule war ein kleiner Indianerjunge. Er hatte keine Eltern mehr. Er war klein und schmächtig. Die anderen Indianerjungen verspotteten ihn. „Der ist zu nichts zu gebrauchen", riefen sie. „Jeder Hund kann mehr Lasten tragen als der."

Abseits von den anderen Indianern hockte er in einem kleinen Zelt und war froh, wenn jemand ihm einen Teller Suppe und ein kleines Stückchen Fleisch brachte. Nur der Häuptling war gut zu ihm. Er schenkte ihm neue Mokassins und schob ihm einen Leckerbissen zu, wenn er den Knaben sah. „Der Große Geist wird aus ihm noch mal einen Helden machen", sagte er, wenn die anderen murrten.

Als es Frühjahr wurde, packten die Indianer ihre Zelte und zogen den Büffelher-

den nach, weit in die Steppe hinein. Klagende-Eule mußte allein zurückbleiben. Davor hatte Klagende-Eule jedes Jahr mehr Angst. Wenn die Indianer zurückkamen, fanden sie ihn jedesmal noch schwächlicher und elender in seinem Zelt vor.

Einmal saß er wieder einsam im Sand vor seinem Tipi und sah der riesigen Staubwolke nach, in der die Indianer verschwunden waren. Er weinte bitterlich.

Der Sand vor seinen Füßen wurde feucht von seinen Tränen. Da hörte er eine Stimme: „Zeig mir doch, was deine Finger können! Fange an zu kneten!"
Klagende-Eule griff in den feuchten Sand und drückte und knetete daran herum. „Ich will einen Hund machen", dachte er. Aber was war das? Die Hundepfoten wuchsen und wuchsen. Sie sahen aus wie ein Huf.
Der Hundekopf wurde lang und schmal. Er bekam eine Mähne und spitze Ohren. Und unten hing ein buschiger Schwanz, ganz anders als bei einem Hund.
„Ich muß noch mal einen Hund kneten", dachte Klagende-Eule. Aber diesmal wollte er gut aufpassen. Er nahm wieder eine Handvoll feuchten Sand und knetete und formte. Aber als er die Figur fertig hatte, sah sie genauso aus wie das erste Tier. Beide standen nebeneinander, und es schien, als wollten sie davonjagen.
Auf einmal wurde Klagende-Eule sehr müde und schlief ein. Im Traum hörte er die Stimme des Großen Geistes. „Ich bin es, der dir geholfen hat, Pferde zu kneten. Ich will euch Indianern helfen. Die Pferde können viel mehr Lasten

tragen als eure Hunde. Laß die beiden Tiere vier Tage lang am großen Fluß weiden! Gib ihnen reichlich zu trinken!"

Klagende-Eule erwachte und eilte sogleich mit den beiden Tieren zum Fluß. Er legte sie vorsichtig ins Wasser. Und – oh Wunder – die Tiere wurden größer und größer. Sie sprangen herum, sie wieherten leise.

Von Tag zu Tag wuchsen die Pferde. Er führte sie ans Wasser ließ sie trinken und später weiden.

Am dritten Tag schwang er sich auf ihren Rücken und trabte mit ihnen davon. „Was würden die anderen Indianer sagen, wenn sie die wunderbaren Tiere sähen", dachte der Knabe. „Ich will ihnen in die Prärie nachreiten und ihnen die Pferde zeigen."

Er suchte eine seichte Stelle und trieb sie an das andere Ufer.

Der Große Geist war enttäuscht, daß Klagende-Eule nicht so lange gewartet hatte, bis die Tiere genauso groß waren wie die Pferde der Bleichgesichter. Aber dann dachte er, daß die kleinen Ponys geschickter und wendiger bei der Büffeljagd wären als die großen Tiere.

Bald sah Klagende-Eule das Lagerfeuer in der Ferne. Der Häuptling und andere Indianer kamen ihm staunend entgegen. Aus Klagende-Eule, dem traurigen schmächtigen Knaben, war ein starker Jüngling geworden, der stolz mit den beiden Pferden dem Lager entgegenritt.

Er übertraf an Klugheit, Geschicklichkeit und Jagdglück alle anderen Indianer. Als der große Häuptling in das Reich des Großen Geistes aufgenommen wurde, übernahm Klagende-Eule die Stelle des Häuptlings. Er hieß von nun an Adlerfeder und regierte sein Volk mit Weisheit und Liebe.

WIR LERNEN DIE INDIANERSTÄMME KENNEN

Es gab unter den Indianern viele verschiedene Stämme. Sie hatten verschiedene Sprachen und haben sich oft gegenseitig bekämpft.

Die Walfang-Indianer oder Küstenindianer lebten an der Westküste des heutigen Kanada. Sie hatten reichverzierte Boote und waren erfahrene und mutige Seefahrer. In den Flüssen fingen sie Lachse, im Meer Robben, Seelöwen und Wale.

Die Prärie-Indianer (Sioux, Comanchen) lebten zwischen dem Mississipi-Strom und dem Rocky-Mountains-Gebirge. Sie waren geschickte Reiter. Wir kennen sie aus Wildwestfilmen.

Die Terrassenhaus-Indianer lebten im heutigen Arizona, in New-Mexiko und in Texas. Sie waren geschickte Baumeister und bauten Terrassenhäuser wie Bienenwaben an- und übereinander. Die Wohnungen hatten keine Türen. Mit einer Leiter stieg man über das Dach in die unteren Wohnungen. Die Leiter konnte schnell eingezogen werden, wenn Feinde nahten.

Die Urwald-Indianer lebten im tropischen Regenwald in Südamerika. Es war dort so warm, daß sie keine Kleidung brauchten und nackt herumlaufen konnten. Sie waren wegen ihrer Pfeile, deren Spitzen sie in Gift (Curare) tauchten, sehr gefürchtet.

Die Kinder werden in vier Gruppen eingeteilt. Die Walfang-Indianer bekommen eine Kette aus blauem Kreppapier, die Prärie-Indianer eine Kette aus braunem Kreppapier, die Terrassenhaus-Indianer aus gelbem Kreppapier, die Urwald-Indianer aus grünem Kreppapier.

Die Kinder tanzen frei im Raum herum. Sie können dabei ein Indianerlied singen, oder Indianerlieder werden von der Kassette eingespielt.

Nun ruft der Spielleiter nach einem Trommelwirbel den Namen eines Indianerstamms auf:

Walfang-Indianer:
Die anderen Kinder setzen sich. Die Walfang-Indianer spielen pantomimisch die Jagd auf den Wal. Sie steigen ins Boot ein, paddeln und harpunieren . . .

Prärie-Indianer:
Sie reiten über die Steppe, schleudern Speere und schießen mit Pfeilen ...

Terrassenhaus-Indianer:
Sie schichten pantomimisch Steine übereinander, sie steigen die Leitern hoch, sie ziehen die Leitern ein ...

Urwald-Indianer:
Sie gehen auf die Jagd mit Pfeil und Bogen und mit dem Blasrohr. Sie erklettern ganz hohe Bäume ...

RATE MAL –
PFLANZEN UND FRÜCHTE AUS
DER NEUEN WELT

Die Siedler aus Europa haben von den Indianern einige Pflanzen und Früchte übernommen, die heute aus unserem Alltag kaum mehr wegzudenken sind. Hier sind drei davon. Wer kann sie erraten?

Eine schöne rote Frucht
scheint sehr warm die Sommersonne,
ist's für uns die wahre Wonne.
Unsre harten grünen Wangen
seht ihr in warmem Rot bald prangen.
Gerne werdet ihr uns essen,
Salz und Pfeffer nicht vergessen.
(Tomaten)

Ein unterirdischer Geselle
Weiße Blüten, grüne Früchte
trag im Sommer ich am Strauch.
Hüte dich, davon zu essen,

giftig ist's für deinen Bauch.
Doch im Herbst wirst du entdecken,
was im Boden wir verstecken:
gute Früchte, braune Knollen,
die dir ganz gut schmecken sollen.
(Kartoffeln)

Ein gelber runder Riese
Ich kriech weit auf dunkler Erde,
habe lange grüne Ranken,
für die gelbe Riesenfrucht
werdet ihr mir danken.
(Kürbis)

Dieses Spiel wird mit großem Vergnügen von Eskimokindern, die im Nordwesten Amerikas leben, gespielt. Dort dient als Zielscheibe ein Geweih, die Pfeile sind kleine Knochen.

Das Spiel kann für den Kindergarten und die Schule abgewandelt werden, indem mit kleinen Tischtennisbällen auf ein recht weit entferntes Ziel (Baum oder markierter Kreis an einer Mauer)

geworfen wird. Der erste, der es geschafft hat, legt irgendeinen kleinen „wertvollen" Gegenstand (ein Fußballbild, einen Radiergummi mit einem Dino drauf, einen Glückskäfer) auf den Boden. Dann scheidet er aus.

Der zweite Gewinner nimmt den Gegenstand auf, muß ihn aber wieder ablegen, wenn der dritte Spieler erfolgreich war. Derjenige, der als letzter getroffen hat, darf den Gegenstand behalten.

WO IST UNSER BÜFFEL (BÄR, ZELT) GEBLIEBEN?

Auf einem großen Karton wird ein Büffel (Bär, Indianerzelt) aufgemalt und zum Puzzle zerschnitten. Nun werden die Einzelteile im Raum versteckt. Die Indianerkinder müssen sie suchen und als Puzzle zusammenbauen.

TASTSPIEL IM LAND DER INDIANER

Indianerkinder können sich auch bei Nacht gut bewegen. Wenn sie auf längeren Jagden nachts unterwegs sind, finden sie auch im Dunkeln sicher ihren Weg.

Auf dem Boden liegen verschiedene Dinge aus dem Indianerland: Federn, Maiskörner, Indianerketten, Friedenspfeifen, Totempfähle, ein Stück „Büffelleder", ein Stück „Bärenfell", ein Holzlöffel, eine Tonschale. Nun werden den Kindern nacheinander die Augen verbunden, und sie ertasten und benennen die verschiedenen Gegenstände.

GEFAHREN IM STEPPENLAND

In der Steppe ist es gefährlich. Überall lauern giftige Schlangen und Skorpione auf dem Boden. Besonders bei Nacht müssen die Indianerkinder sehr aufpassen.

Aus Kreppapier oder Wellpappe werden die Schlangen angefertigt. Kleine Steine stellen die Skorpione dar. Quer durch den Raum wird ein „Pfad" aus Zeitungspapier oder Bierdeckeln gelegt. An den Seiten lauern Schlangen und Skorpione.

Die Indianer sind sehr hilfsbereit. Immer zwei Indianerkinder fassen sich an. Ein Kind schließt die Augen. Das andere führt den Partner sicher den Pfad entlang, ohne daß die Schlangen und Skorpione berührt werden. Nach einer Weile werden die Rollen gewechselt.

KANUFAHRT

Jeweils zwei Kinder setzen sich auf eine Decke, die von zwei oder mehreren Kindern schnell durch den Raum gezogen wird. Es kommt ein wilder Sturm auf, das Kanu wird von den Wellen hin- und hergeschaukelt. Wenn die beiden Kanukinder herausgefallen sind, dürfen sich zwei neue Kinder im Kanu auf das wilde Meer wagen.

WIR FANGEN DIE FEDER

Alle Indianerkinder stehen mit aufgehaltenen Händen in einem Kreis. Ein Indianerkind geht hin und tut so, als ob es den Mitspielern eine kleine Feder in die Hand lege. Alle schließen sofort nach der Berührung die Hände, aber nur ein Indianerkind hat die Feder erhalten. Wenn alle Hände berührt worden sind, läuft das Kind, das die Feder erhalten hat, ganz schnell zu einem markierten Mal, einem Baum, Strauch oder etwas anderem. Das Kind, das den Läufer fängt, bekommt die Feder und gibt sie als nächstes im Kreis weiter.

DER HASE IN DER FRÜHLINGSSONNE

(frei nach einem alten Vers der Indianer)

Sitzt im hohen Gras ein Hase,
schnüffelt mit der kleinen Nase.
Hebt ein rosarotes Ohr,
und das andre auch empor.
Was spitzt du die Ohren, brauner Gesell?
Ist ja ganz rosarot dein Fell!
Was rollt da hinter dir empor,
hinterm rechten und linken Ohr?
Rollt und rollt über Steine und Gras
und steigt rosarot übern kleinen Has'.
Die Sonne -
da freut sich das Hasenkind,
und wir freun uns auch - der Tag beginnt.

STECKENPFERDE FÜR KLEINE INDIANER

Material: Alte Besenstiele oder Abfälle von Rundhölzern vom Tischler, Deckfarbe in verschiedenen Brauntönen, Filzstifte, farbloser Lack, braune Pappe, Wolle in verschiedenen Farben, Bleistift, Schere, Kleber, kurze Nägel, Hammer.

Arbeitsanleitung:

Die Stäbe mit brauner Farbe bemalen und lackieren. Aus fester Pappe wird zweimal der Pferdekopf zugeschnitten (siehe Abbildung) und jeweils auf der Sichtseite angemalt. Zwischen die beiden Teile wird eine dicke Wollmähne geklebt. Nun noch den Kopf an den Besenstiel nageln, und das Steckenpferd ist fertig. Am Maul des Pferdekopfes können auch noch Zügel aus Schnüren befestigt werden.

Idee: Christiane Feldmaier und Brigitte Glatzel, Kindergarten Christanger

44

3

IN DEN DÖRFERN UND
STÄDTEN DER INDIANER

ie verschiedenen Indianerstämme hatten verschiedene Arten von Häusern, die ihnen Schutz vor der Witterung boten. Bestimmend für die Art der Häuser war die Lebensweise der verschiedenen Stämme (Nomaden oder seßhafte Bauern). Die Bauweise der Unterkünfte richtete sich auch nach dem Baumaterial, das die Indianer jeweils in ihrem Lebensraum vorfanden.

Die Indianer, die in dem Präriegürtel Nordamerikas lebten, waren wandernde Nomaden. Sie wohnten in Stangenzelten, Tipis, die sie schnell auf- und abbauen konnten. Für ein solches Tipi wurden mehrere Holzstangen in die Erde gesteckt und ein Überzug aus Bisonhäuten darüber befestigt. Oben befand sich eine Öffnung, damit der Rauch von der Feuerstelle abziehen konnte. Die Bisonhäute waren oft mit Bildern und Motiven von der Büffeljagd verziert.

Die Waldindianer, die Irokesen, die im Nordosten Nordamerikas lebten, bauten Langhäuser aus Holz und Baumrinde. Diese waren recht groß, so daß mehrere Familien darin leben konnten.

Die Indianerstämme an der Nordwestküste Amerikas lebten in langgezogenen Blockhütten. Bei ihnen spielte persönlicher Besitz eine große Rolle. Sie schützten ihre Häuserfronten, auch die Boote, die Äxte, die Paddel und die Holzpfähle vor ihren Häusern, mit besonderen Wappen, Symbolen, Motiven. Das waren oft Tierbilder, die von den Jagderfolgen ihrer Vorfahren erzählten: See-Elefanten, Wale, Bären, Biber, Raben, Wölfe und anderes. Dieses Totem konnte aber auch eine Pflanze oder irgendein anderer Gegenstand sein. Totemtiere galten als Beschützer und waren heilig. Diese Tiere durften nicht gejagt oder berührt werden.

Wenn ein Indianer glaubte, mit einem Biber verwandt zu sein, durfte er dieses Tier nicht töten. Ein Totempfahl war sozusagen das Wappen einer ganzen Sippe, eines Clans. Wenn ein Nachbar zu Besuch kam, der dasselbe Totem verehrte, wurde er wie ein Familienmitglied herzlich aufgenommen.

Wigwam ist der Name für die Wohnung der Algonkin-Indianer im Norden. Es waren kuppelförmige Rundbauten aus Stangen, die oben zusammengebogen waren. Darüber wurden Rinden und Matten gelegt. Ein solches Wigwam wurde nie zerlegt und woanders neu aufgebaut. Im Südwesten von Nordamerika lebten die Navajos, deren Wohnhaus Hogan genannt wurde. Der Kuppelbau war mit Erde und Lehm bedeckt und hatte im vorderen Teil einen besonderen kleinen Wohnraum.

Im Südwesten und im Gebiet des heutigen Mexiko lebten die Pueblo-Indianer. Pueblo ist ein spanisches Wort und heißt Dorf. Diese Indianer bauten Häuser aus festem Lehm, die mehrere Stockwerke hatten. Solche Häuser wurden von mehreren Generationen nacheinander bewohnt. Die Pueblo-Indianer bauen noch heute in ihren Reservaten diese eigenartigen Terrassenhäuser.

Sehr verschieden waren auch die Wohnungen der Indios. Von Städten aus Stein bis zu Blätterhütten im Urwald war hier alles zu finden. Noch heute zeugen mächtige Pyramiden und Tempel von der vergangenen Kultur der Mayas, Inkas und Azteken.

DIE GROSSE MUTPROBE

Es ist ganz früh am Morgen. Die Sonne ist noch nicht aufgegangen. Die Kühle der Nacht dringt bis unter die Bärenfelle in den Indianerzelten, den Tipis.

Der kleine Indianerjunge Scharfer-Pfeil schlägt die Büffelhaut zur Seite. Grell trifft ihn der erste Strahl der aufgehenden Sonne. „Das ist ein gutes Zeichen", denkt Scharfer-Pfeil. Er will heute seine erste Probe ablegen. Viele Prüfungen müssen die Jungen ablegen, ehe sie in die Gemeinschaft der Großen Jäger aufgenommen werden.

Heute soll er einen ganzen Tag ohne Essen und Trinken auskommen. Bis zum Mittag muß er in einem Ameisenhaufen unten am Fluß sitzen, ohne sich zu rühren. Am Nachmittag muß er den eisigen Fluß durchqueren, da, wo die Biberburgen sind. Gegen Abend soll er einen Biber schießen und mit zu den Zelten bringen.

Scharfer-Pfeil läuft hinunter zur Quelle. Er taucht den Kopf in das kühle Wasser. Es kostet ihn große Anstrengung, nicht davon zu trinken. Er läßt das Wasser über Schultern und Rücken laufen. Nun ist er hellwach. Er hängt Pfeil und Bogen über die Schultern und läuft leichtfüßig durch das feuchte Steppengras. Ein paar wilde Rebhühner flattern vor ihm auf. Da, eine Henne mit fünf kleinen Jungen! Die Henne stößt einen Warnruf aus. Schon sind die Kleinen im Gras verschwunden. Aus der Ferne tönt ein Raubvogelschrei. Schon steigen die ersten Vögel jubelnd über das Steppengras empor.

Scharfer-Pfeil hat das Flußufer erreicht. Unter der hohen Birke liegt der Ameisenhaufen. Die Ameisen sind noch fast erstarrt von der Kälte der Nacht. Aber bald setzt emsiges Leben und Treiben auf dem Ameisenhaufen ein. „Ich hätte die Büffelhaut mitnehmen sollen", denkt Scharfer-Pfeil. „Aber nein, das würde Onkel Rote-Feder merken. Der wird sich irgendwann anschleichen und mich beobachten, ohne daß ich's merke."

Scharfer-Pfeil setzt sich mitten in den hohen Reisighaufen. Er spürt, wie es unter ihm kribbelt und krabbelt, aber er verzieht keine Miene. Er weiß, daß die Ameisenbisse weh tun. Sie werden den ganzen Körper hochkrabbeln und den großen Eindringling an Armen, Beinen und Rücken beißen. Aber ein Indianerjunge muß das aushalten können.

Er schaut hinüber zur Biberburg. Die Biber sind schon wieder eifrig bei der Arbeit. Deutlich kann Scharfer-Pfeil das braune, wasserglänzende Fell und den breiten Ruderschwanz erkennen. „Mann, haben die scharfe Zähne", denkt er. „Viel schärfere als jeder Indianer. Wir brauchen unsere scharfen Beile, wenn wir einen Baum fällen wollen." Krachend stürzt eine Tanne hinab in den Fluß. Der Biber zieht den Stamm hinüber vor seine Burg. Da hat er schon einen richtigen kleinen See am Rand des Flusses gestaut.

Auf einmal tauchen drei kleine Biberjungen auf. Sie laufen den Baumstamm entlang. Sie richten sich auf, sie spielen miteinander. Sie knabbern von der Rinde des Baumes. Da taucht ein zweiter großer Biber auf. Wachsam schaut er in alle Richtungen. „Mann, das ist ja eine ganze Biberfamilie", denkt Scharfer-Pfeil. „Ich kann keinen Biber töten. Das wird der Häuptling verstehen. Vielleicht schieße ich ein Rebhuhn oder eine Ente."

Gegen Mittag steht er auf. Seine Haut ist gerötet und brennt fürchterlich. Nichts wie hinein in das kühle Wasser. Die Biberfamilie ist verschwunden. Er schwimmt ein paarmal um die Burg herum. Dann taucht er und schwimmt mit großen Stößen am Fluß entlang. „So lange wie der Biber kann ich nicht tauchen", denkt er. Dann legt er sich in die

Sonne und läßt sich trocknen. Er duckt sich hinter einem Busch. Geduldig wartet er, bis die Sonne hinter den Bergen verschwunden ist. Da, in der Abenddämmerung flattern die Rebhühner aus dem Steppengras hoch. Eins, zwei, drei - ein ganzer Schwarm. Er spannt den Bogen. Sirrend schnellt der Pfeil ab, noch einer, noch einer. Zwei Rebhühner fallen dicht neben ihm ins Gras. „Ich hab's geschafft. Bald werd' ich in die Reihe der Großen Jäger aufgenommen", jubelt Scharfer-Pfeil.

Er legt sich die Beute über die Schulter. Lautlos läuft er ins Zeltlager zurück, wo Vater und Mutter ihn stolz erwarten.

Idee: Die Geschichte kann beim Erzählen oder Vorlesen auch pantomimisch nachgespielt werden.

WIE DER BIBER DEN INDIANERN GEHOLFEN HAT

(frei erzählt nach einem alten Indianermärchen)

Der Abendwind streift über das Schilfgras am Ufer des großen Sees. Er weht den Duft des Grases hinüber zu den Zelten des Indianerdorfes.

Überall sind Feuer angezündet. Die Kessel mit den Fischen und den würzigen Kräutern hängen über den Feuerstellen. Der Großvater Grauer-Bär schnitzt an den Rudern für das Kanu der Enkelkinder. „Großvater", sagt Schneller-Fuß, „dies eine Ruder sieht aus wie ein Fisch und das andere wie ein langes Tier mit kleinen Ohren. Fische haben doch keine Ohren."

Das soll auch kein Fisch sein", antwortet der Großvater, „das ist ein Biber. Schau genau hin! Wir haben doch vor ein paar Tagen am See so ein Tier beobachtet."

„Ach, das Tier mit den schiefen Zähnen", sagt Schneller-Fuß. „Das hat doch an dem großen Baumstamm so lange genagt, bis er umgefallen ist. Und nachher hat er den Baumstamm in seine Burg geschleppt. Und die Zweige auch. Die kleinen Biberkinder sind darauf herumgeklettert. Die hatten

Der Großvater läßt behutsam das Messer über die glatte Fläche des Holzes gleiten. „Das wird das Fell des Bibers, Großvater! Sieht ganz echt aus", ruft Schneller-Fuß...

„Die Geschichte mit dem Biber ist vor langer, langer Zeit geschehen", erzählt der Großvater. „Es war im Monat des langen Schlafes. Der Schneesturm toste über das Land. Die Tiere waren in die Höhlen geflüchtet. Alle Spuren waren verwischt. Die Indianer hatten kaum etwas zu essen. In die Zelte zog der Hunger ein.

Da holte der Häuptling seinen Zaubersack hervor und sprach: ‚Wer diesen Zaubersack berührt, der wird noch in dieser Nacht ein Tier erlegen. Aber hütet euch davor, dem toten Tier das Herz herauszureißen! Dann ist die Zauberkraft für alle Zeiten verloren, und wir müssen fortziehen.'

Der junge Jäger Scharfer-Pfeil hatte sich gewünscht, einen Luchs zu erlegen. Nachdem er den Zaubersack berührt hatte, zog er noch in der Dunkelheit los. Kaum hatte er den Waldrand erreicht, da sah er schon die Spuren des wilden Tieres im tiefen Schnee.

Und nach kurzer Zeit erblickte er den Luchs am Ufer des Sees, wie er gerade zwei Biber in seinen Krallen hatte. Schnell pirschte sich Scharfer-Pfeil heran und tötete den Luchs mit einem einzigen gewaltigen Hieb. Die beiden

auch schon so einen flachen breiten Schwanz - wie ein Ruder."

„Du hast gut beobachtet", lobt Grauer-Bär und streicht seinem Enkelkind über den Kopf. „Großvater, wir könnten den Biber doch fangen. Vielleicht schmeckt er besser als mancher Fisch."

„Die Biber sind unsere Freunde", sagt der Großvater. „Unser Stamm hat die Biberzeichen immer besonders schön geschnitzt und gemalt. Die Biber haben uns Indianern immer wieder geholfen. Davon erzählen auch unsere alten Geschichten."

„Großvater, erzählen, erzählen", rufen nun auch die anderen Kinder, Kleine-Wolke und Fliegender-Stern. Die Kinder setzen sich um das Feuer herum und blicken mit großen Augen zu ihm auf.

jungen Biber blickten ihn dankbar an, trotteten zum See und schwammen dann in schnellen Zügen davon.

Scharfer-Pfeil wollte den Luchs über die Schulter legen und heimtragen. Aber da wurde sein Hunger so übermächtig, daß er das Tier fallen ließ, ihm das Herz herausriß und aß. Dann lief er mit seiner Beute nach Hause und legte sich schlafen.

Aber den anderen Jägern war das Jagdglück nicht hold. Keiner von ihnen kehrte mit einem erlegten Tier heim.

Da wußte der Häuptling, daß Scharfer-Pfeil das Verbot mißachtet hatte. Als er den Luchs umdrehte, sah er, daß das Herz herausgeschnitten war. Der Häupt-

ling schrie: ,Du bist schuld, daß die Wunderkraft meines Zaubersackes, den der Große Geist selber mir geschenkt hat, gebrochen ist. Zur Strafe mußt du allein im Dorf zurückbleiben. Wir ziehen alle fort, wo es bessere Jagdgründe gibt.'

Alle gehorchten dem Spruch des großen Häuptlings. Nur die kleine Schwester Gelbe-Maisblüte kam noch einmal zurück. Ihr Herz war schwer, daß der Bruder nun allein zurückbleiben mußte. Aber sie konnte ihm nicht helfen.

Scharfer-Pfeil war allein im Zelt. Da hörte er auf einmal eine Stimme: ,Geh hinaus mit Pfeil und Bogen! Wenige Schritte von hier schläft ein Bär in seiner Höhle verborgen. Töte ihn, so hast du Fleisch und Pelz genug für den ganzen Winter!'

Scharfer-Pfeil erlegte den Bären und überstand den eisigen Monat des langen Schlafes.

Als die erste Frühlingssonne durch die Ritzen seines Tipis schien, hörte er wieder eine Stimme: ,Morgen wird dich deine kleine Schwester besuchen. Sag ihr, du kannst dem Zaubersack des großen Häuptlings seine Zauberkraft zurückgeben! Alle Indianer sollen zurückkehren!'

So geschah es. Scharfer-Pfeil ergriff den Sack und sagte einem Jäger nach dem anderen, welches Tier sie jagen sollten. Dann öffnete er den Sack, und heraus sprangen ein Schneehase, ein Bär, Hirsche und Rehe. Ganz unten im Sack lag etwas Weiches. Das nahm Scharfer-Pfeil unbemerkt an sich. Dann hörte er wieder eine Stimme: ‚Bring' mir, was du gefunden hast, du wirst den Weg schon finden!' Scharfer-Pfeil schnallte sich die Schneeschuhe unter, und wie von selbst trugen sie ihn an den Rand eines kleinen Sees. Und wieder hörte er eine Stimme: ‚Du hast meine Kinder vor dem Luchs gerettet. Die Pfote, die du mitgebracht hast, gehört mir. Wirf sie ins Wasser! Die Zauberkraft des Sackes wird euch erhalten bleiben. Aber ihr dürft niemals wieder einen Biber fangen!'

So lebten die Indianer weiter in Frieden und Freundschaft mit dem Biber. Sie brauchten nie mehr Hunger zu leiden, denn der Zaubersack wurde nie leer."
Der Großvater hält das Ruder hoch. Nun ist die Form des Bibers gut zu erkennen. „Du kannst wunderbar schnitzen, Großvater", sagt Schneller-Fuß. „Ich möchte das auch lernen! Mit einem kleinen Ruder fang' ich an. Ein Biberruder soll das werden. Einen Totempfahl mit einem großen Biber drauf schnitze ich auch, wenn ich groß bin."

WIE INDIANER GEDULD LERNEN

Indianerjungen mußten oft lange auf einem Ameisenhaufen sitzen und durften sich nicht rühren.

Ein Indianerkind sitzt in der Mitte des Kreises auf einem Karton (Ameisenhaufen), der mit einem Tuch bedeckt ist. Die anderen Kinder schleichen um den Ameisenhaufen herum und versuchen, mit lustigen Grimassen das Kind zum Lachen zu bringen. Wer kann dabei wohl am längsten ernst bleiben?

INDIANERKINDER BEIM BALLSPIEL

Zwei Indianerkinder stehen sich in einigem Abstand gegenüber und werfen sich einen Ball zu.

Die anderen Kinder stehen in einem gewissen Abstand (hinter einer Linie, die mit Kreppapier markiert ist) und versuchen, mit kleinen Tennisbällen den Ball zu treffen. Es gibt keine Gewinner, es herrscht einfach Freude am Ballspiel.

INDIANER-PANTOMIME

Die Kinder sitzen im Kreis. Nacheinander geht ein Kind in die Kreismitte und spielt den anderen pantomimisch eine bestimmte Tätigkeit eines Indianers vor. Beispiele: Indianer, der angelt, Rauchzeichen gibt, einen Tontopf töpfert, ein Bild in den Sand malt, ein Feuer entzündet oder ein Zelt aufbaut. Es können auch zwei oder mehrere Kinder eine Pantomime vorführen. Beispiele: Mehrere Indianer bauen ein Zelt auf oder ab, oder ein Kind spielt den Büffel, und die anderen stellen die Indianer auf der Jagd dar.

INDIANER BEIM FISCHFANG

Die Indianer waren sehr geschickt. Sie konnten Fische sogar mit der Hand fangen. Mehrere Kinder halten ein großes Tuch in der Hand, auf dem zwei oder mehr Bälle liegen. Vorsichtig wird das Tuch auf und ab bewegt, so daß die Fische (Bälle) durch die Luft fliegen. Am Rand stehen mehrere Indianerkinder und versuchen, die „Fische" zu fangen. Wenn die „Fische" an Land fliegen und fortkullern, ist es für die Indianerkinder noch leichter, sie zu fangen.

LUSTIGES STOPPSPIEL

Von der Kassette werden Indianerlieder eingespielt, oder die Kinder singen ein Indianerlied. Die Kinder stehen im Raum verteilt. Der Spielleiter ruft ihnen zu: „Jetzt reiten die Indianer auf den wilden Pferden."
Nach einer Weile ertönt ein Trommelsignal oder der Spielleiter ruft: „Stopp!" Dann halten alle sofort mitten in der Bewegung an und bleiben „wie erstarrt" stehen, bis ein neuer Bewegungsimpuls erfolgt.
Bewegungsvorschläge: Die Indianer schleichen durch das hohe Gras ... schießen vom Pferd aus mit Pfeil und Bogen auf eine wilde Büffelherde ... springen über einen Bach ... sind verletzt und müssen hinkend fliehen.

RHYTHMEN AM LAGERFEUER

Die Kinder sitzen im Kreis. Ein Kind beginnt, einen Rhythmus zu stampfen oder zu klatschen. Das neben ihm sitzende Kind nimmt den Rhythmus auf, bis alle in der Runde ihn nachvollziehen. Der Rhythmus kann auch mit Holzblockinstrumenten, Trommeln etc. nachvollzogen werden.

55

WENN INDIANER-JUNGEN IHRE KRÄFTE MESSEN

Die Indianerjungen müssen schon früh ihre Kräfte messen und Mut- und Geduldsproben bestehen. Immer zwei Kinder stehen sich gegenüber. Sie legen ihre Hände auf die Schultern des Vordermannes und versuchen, den Partner wegzurücken. Die Kinder können auch Rücken an Rücken stehen. Auch die Positionen Hände gegen Hände, Fußsohlen gegen Fußsohlen macht den Kindern Spaß. Es sollten möglichst zwei gleichstarke Partner ihre Kräfte messen.

FINGERSPIELE:

BÜFFELKIND

(Fingerspiel oder Tischtheater)

Ich bin ein kleines Büffelkind,
stampf' über die Prärie geschwind,
zieh mit der großen Büffelherde
fort über Steine, Gras und Erde.
Wir passen auf bei Tag und Nacht,
weil Menschen auf uns Jagd gemacht.
Indianer mit dem scharfen Beil,
mit Bogen und dem spitzen Pfeil.
Die Weißen mit dem Schießgewehr,
die sind auf Pferden hinter uns her.
Dann nehmen wir Reißaus geschwind,
wir Büffel brausen wie der Wind.
Hu-hu - hugh-hugh!

Die Kinder halten die gekrümmten Zeigefinger als Büffelhörner an die Stirn und stampfen als Büffel herum. Sie können auch ihre kleinen selbstgefertigten Tiere, Indianer und weiße Jäger auf dem Tisch als Tischtheater agieren lassen (aus knetbarem Material).

BRAUNER BÄR, DAS INDIANERKIND

(Fingerspiel für zwei bemalte Finger
oder für zwei Fingerpuppen)

Brauner-Bär, das Indianerkind,
läuft durch das hohe Gras geschwind.
Es setzt sich auf den großen Stein
und schaut ins weite Land hinein.
Da ruft sein Freund, der Schnelle-Schuh:
„Komm mit, wir schwimmen, ich und
du!"
„Ja, das ist toll", ruft Brauner-Bär,
„doch nicht so weit, sonst kann ich nicht
mehr!"
Da schwimmen sie bis zur Insel im See
und zieh'n sich am Weidenast in die Höh'.
Dann werfen sie ihre Angel aus
und bringen drei fette Forellen nach
Haus.
Die Großmutter macht ein Feuer an,
daß sie die Fische braten kann.
Das gibt ein Indianer-Fische-Fest,
da bleibt bestimmt kein einz'ger Rest.

Zeigefinger und Mittelfinger der rechten
Hand können als Indianerkinder agieren.
Die linke Hand kann den Stein, die Insel
und das Indianerfeuer (mit zappelnden
Fingern als Flamme) darstellen. Der Text
kann nicht nur als Fingerspiel, sondern
auch als Reimspiel eingesetzt werden.

DURCH DAS ZELT IN DIE INDIANERWELT

Die Kinder legen die Daumen aneinan-
der und halten die Zeigefinger schräg
darüber, so daß eine dreieckige Zeltform
entsteht. Sie schauen durch das Zelt
hindurch in die Indianerwelt hinein.

Seht ihr die Indianer,
die bauen sich ein Zelt.
Und durch die schmalen Ritzen,
da schau'n sie in die Welt.
Was sehen sie da?
Einen spitzen Pfeil,
ein scharfes Beil,
eine Adlerfeder,
einen Schuh aus Leder.
Schnelle Pferde,
die Büffelherde,
ein Lagerfeuer
und viele, viele Abenteuer.

WIR BASTELN MIT INDIANERKINDERN

Tipis für ein Indianerdorf

Die Indianerstämme hatten verschiedene Arten, ihre Hütten, Zelte und Häuser zu bauen. Die Indianer, die umherziehende Nomaden waren, bauten sich Zelte aus langen Holzstangen, die 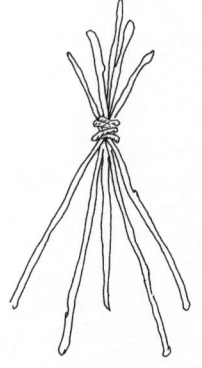 leicht auf- und abzubauen waren. Solche Tipis können aus abgebrochenen Zweigen, von denen man die Seitenzweige entfernt, auf dem Spielplatz oder auf der Wiese nachgebaut werden. Fünf gleichlange Zweige werden zurechtgeschnitten und an einem Ende zu einem Bündel zusammengeschnürt.

Dann die einzelnen Zweige so auseinanderziehen, daß sie in einem Kreis in den Sand oder in die Erde gesteckt werden können. Statt das Dorf mit fertigen Spielfiguren zu besiedeln, können auch kleine Indianerfiguren aus Ton oder Knete selbst geformt werden.

58

Indianer- und Frühlingsbilder auf „Büffelhaut"

Die Indianer haben ihre Zelte, ihre Kleidungsstücke und auch ihre Schilde mit Bildern und Symbolen bemalt. Um eine richtige Indianer- oder Frühjahrs-Atmosphäre entstehen zu lassen, können die Kinder eigene „Indianergeschichten" oder Frühlingsmotive aufmalen und als Schmuck an den Wänden aufhängen (Symbole und Figuren siehe Abbildung).

Material: Große Papierbögen, Teebeutel mit schwarzem Tee, Speiseöl, Pinsel, Küchentücher, wasserfeste Filz- oder Farbstifte

Arbeitsanleitung:

Die Motive auf den Papierbogen malen und mit dem feuchten Teebeutel bestreichen. Dann zusammenknüllen und trocknen lassen. Nun das Bild auf einen großen Haufen alter Zeitungen legen und gleichmäßig das Öl auftragen.

Mit Küchentüchern das überschüssige Öl abtupfen und trocknen lassen. Das Bild hat dann eine gelbliche Büffelhautfarbe und fühlt sich wie altes Pergamentpapier an.

Idee: Kindergarten Weingasse, Horb

Geschnitzte Indianerpfähle (Totempfähle)

Das indianische Kunsthandwerk war hoch entwickelt. Phantasievolle Muster und Farben schmückten Tonkrüge, gegerbte Felle und Totempfähle. Totempfähle waren meterhohe schlanke Säulen, meist aus Zedernholz. Darauf waren in kunstvollen Schnitzereien die Tierahnen der Sippe, wie Bären, Biber, Wale, aber auch Pflanzen, dargestellt.

Wie viele Naturvölker glaubten manche Indianerstämme im Nordosten der heutigen USA, mit bestimmten Wesen – Pflanzen oder Tieren – verwandt zu sein. Sie schrieben diesen Wesen übernatürliche Kräfte zu. Es brachte Unglück, das eigene Totem zu töten, zu essen oder auch nur zu berühren. Die Totem-Tiere galten als Beschützer, als Freunde, ja als Brüder. Den Tod eines solchen Tieres beklagten die Indianer wie den Tod eines Verwandten. So war ein Totem sozusagen ein Wappen eines Stammes. Auch Schiffe und Häuser wurden mit dem Totemzeichen bemalt. Daran erkannte man die Zugehörigkeit zu einem bestimmten Stamm.

Selbstgeschmückte „Totempfähle" sind ein schöner Schmuck für Indianerfeste und anschließend für Gärten und Blumentöpfe.

Material: Holzstöcke, die der Wind abgeweht hat (nicht frische Äste abbrechen), wasserfeste Farben, Messer

Arbeitsanleitung:

Mit einem Messer die Rinde von den Stöcken abziehen. Anschließend das Holz mit leuchtenden wasserfesten Farben bemalen (Motive siehe Abbildung). Mit farblosem Lack überziehen.

Idee: Kindergarten Weingasse, Horb

WIR HÖREN VOM GLAUBEN, ALTEN MYTHEN UND DER JAGD

4

Die Indianer waren sehr gläubige Menschen. Lange bevor die ersten Weißen die Neue Welt betraten, hatten sie ihre eigenen Religionen. Doch so verschieden die Stämme, so verschieden war auch ihr Glaube. Eines war jedoch allen gemeinsam: Die Religion füllte ihr tägliches Leben aus. Es war keine Rede davon, daß nur an einem kleinen Teil eines jeden Sonntags die Beziehungen zu Gott oder den Göttern gepflegt werden müssen.

Eng verbunden mit der Natur war der Glaube vieler Indianer Nordamerikas. Danach sind die Erde und das Wasser, die vier Winde, die Sonne, Sterne, Pflanzen und Tiere Ausdruck einer göttlichen Kraft.

Diese Kraft hatte in den verschiedenen Indianerstämmen unterschiedliche Namen: wanka, tonka, Großer Manitou, waconda oder yastasiane. Für diese Indianer waren alle Naturerscheinungen heilig. Wer die Natur zerstörte oder ausbeutete, versündigte sich am Großen Geist. Viele Indianer hielten ihr Gebet, ihre Andacht, für sich persönlich in der Stille ab. Obwohl viele Krieger und Jäger waren, konnten sie sich langer, tiefer Meditation hingeben und in Traumbildern Mut und Kraft gewinnen.

Diese Indianer verehrten neben ihrem Glauben an den Großen Geist bestimmte Wesen oder Dinge, die von Familie zu Familie, von Stamm zu Stamm unterschiedlich waren. Bei einigen Stämmen war es die Schildkröte, bei anderen Biber oder Bär oder auch besonders geformte Steine oder Wurzeln, die ihnen heilig waren.

Viele erwachsene Indianer tragen noch heute ein Bündel mit sich, dessen Inhalt nur sie kennen und das ihnen heilig ist. Darin kann ein Tierknochen, eine Feder, ein Stein, eine Wurzel sein. Diese Gegenstände sind ihnen in einer Vision als persönliche Kraftquelle, als Schutz und Medizin erschienen.

Die Indianer nahmen nur so viel von der Natur, wie sie zum Leben brauchten.

Wenn sie einen Baum fällen mußten, um Brennholz zu haben, baten sie ihn um Verzeihung, streuten heiliges Maismehl um die Wurzeln und pflanzten einen neuen Trieb neben dem Baumstumpf ein. Und auch wenn viele Indianer Jäger waren, so töteten sie nur so viele Tiere, wie sie zum Überleben brauchten. Sie aßen nicht nur das Fleisch, sondern verarbeiteten auch die Knochen und Häute. Bei ihren Jagdtänzen baten sie die Tiere um Verzeihung, daß sie sie töten mußten. Die Weißen brachten aus ihrer Tradition die Vorstellung in die Neue Welt, daß sie das Recht hätten, die Natur zu beherrschen und auszubeuten, eine Handlungsweise, die dem gläubigen Indianer völlig fremd war. Ein alter indianischer Weisheitsspruch sagt: „Erst wenn ihr das letzte Stückchen Erde zerstört habt, werdet ihr sehen, daß man Geld nicht essen kann."

WENN DER GROSSE BÄR EIN ZEICHEN GIBT

In dem kleinen Indianerdorf am Fuße der hohen Berge ist es unruhig geworden. Im Winter hatten die Jäger die Fährte der Büffel verloren. Vor ein paar Tagen, mit den ersten Strahlen der Frühlingssonne, haben die Späher Roter-Biber und Falkenauge eine Büffelherde entdeckt. Sie haben Feuer angemacht und Rauchzeichen gegeben.

Das hat Häuptling Adlerfeder vor zwei Sonnen gesehen. Und nun sind alle dabei, das Winterquartier abzubrechen. Die Leute aus dem Indianerdorf wollen der Büffelherde entgegenziehen. Dort drüben auf der anderen Seite des Flusses ist gutes Weideland für die Pferde. Die beiden Jungen Flinker-Hirsch und Wolfsfuß haben das längst ausgekundschaftet. Sie sind schon oft durch das kalte Wasser auf das andere Flußufer geschwommen und haben drüben nach Kaninchen gejagt. Stundenlang saßen sie vor den Kaninchenhöhlen. Indianerkinder lernen, viel Geduld zu haben. Lautlos können sie durch das Gras schleichen, leise und schnell wie eine Schlange.

Die Mutter Rote-Abendsonne sagt zu Flinker-Hirsch und Wolfsfuß: „Hier habt ihr ein paar Stücke von dem getrockneten Büffelfleisch. Lauft zum Abhang, wo die Mäuse sich die Gänge gebaut haben! Buddelt die Erdbohnen aus, füllt einen ganzen Beutel voll und legt ihnen zum Dank das getrocknete Fleisch hinein!"

Schnell laufen die Jungen los. Sie wissen genau, wo die Mäuse ihre Gänge haben.

Zu den Mädchen Gelbe-Maisblüte und Funkelnder-Stern sagt die Mutter: „Geht zu den Birken im Tal! Ihr wißt ja, wie man vorsichtig die Rinde von den Stämmen ablöst! Aber schneidet nicht zu tief hinein! Der Baum darf nicht sterben! Wir brauchen die Rinde für die neuen Tipis. Wer weiß, ob wir auf der anderen Seite des Flusses genügend Rindenbäume finden."

Die Mütter in den anderen Tipis schicken ihre Kinder los, um abgefallene Äste zu sammeln. Sie brechen die Zweige in kleine Stücke und bündeln sie. Die Frauen ziehen die hohen Zeltstangen aus dem Boden und binden sie zusammen. Sie spannen die Büffelhäute zwischen die Zeltstangen. Darauf können sie die Gerätschaften, die Tonkrüge und Kessel, auch die Häute und Felle festbinden. Die Pferde ziehen die langen Stangen wie einen Schlitten hinter sich her.

Häuptling Adlerfeder und der Medizinmann nehmen Abschied von dem alten Zeltplatz. Sie ziehen in feierlichem Zug über das Gras. Die Männer schlagen dazu ihre Rasseln und Trommeln, und die Frauen heulen und schreien dazu. Der Medizinmann dankt der Erde und dem Gras, den Bäumen und dem Wasser. Er bittet den Großen Geist, die Indianer auf ihrem Zug auf die andere Seite des Flusses zu begleiten und ihnen die schmale Stelle des Flusses zu zeigen, wo auch die Kinder und die Alten durch das Wasser waten können. Dann ziehen sie los.

Als der Zug bis zum Ufer gekommen ist, ruft auf einmal der Indianerjunge Flinker-Hirsch: „Da drüben steht der große Bär; der große gewaltige Bär mit den scharfen Zähnen!"
Der Medizinmann und der Häuptling haben das große Tier bereits entdeckt. „Bleibt stehen", befiehlt Häuptling Adlerfeder. Dann ruft er dem Bären zu: „Großer Freund, du bist das heilige Tier unseres Stammes. Erlaube uns, daß wir auf die andere Seite des Flusses ziehen und dort unsere Zelte aufschlagen! Wir werden dir und deinen Jungen niemals etwas zuleide tun. Schau! Auf die Büffelhaut haben wir dich als heiliges Tier gemalt. Unsere Kinder haben deinen Bärenkopf in die Pfeile geschnitzt. Auf unseren Totemstämmen ist dein Zeichen, auf unseren Satteldecken und sogar schon auf den Lederbündeln unserer Babys." Die Männer, Frauen und Kinder verfolgen gebannt die Bewegungen des großen Raubtiers auf der anderen Seite des Flusses.

Der Bär richtet sich auf und wirft die Vorderpfoten in die Höhe. Dann legt er den Kopf zurück und dreht sich um. Ganz langsam trottet er eine Weile am Ufer entlang und verschwindet dann allmählich im Steppengras. „Da, wo er sich umgedreht hat, da ist die schmale Stelle im Fluß", ruft Flinker-Hirsch. „Ich erkenne sie genau wieder. Dort bei der Flußweide habe ich unser Zeichen in den Stamm geritzt." „Der Bär hat uns erlaubt, daß wir in sein Land ziehen dürfen", sagt der Medizinmann langsam und ernst.
Und so waten alle durch das flache Wasser dem neuen Grasland entgegen. Bald werden sie ihre Zelte wieder aufschlagen und die große Büffelherde erwarten.

Bei dieser Indianergeschichte können die Kinder die Bewegungsimpulse aufnehmen und pantomimisch nachspielen. Bei der Abschiedszeremonie von dem alten Lagerplatz können die Kinder lautstark die Tänze mit selbstgebauten Instrumenten begleiten.

DAS MÄRCHEN VOM LÖWENZAHN

(frei erzählt nach einem alten Indianermärchen)

Um das Zelt in dem kleinen Indianerdorf tobt der eisige Nordwind. Scharfe Hagelkörner wirft er auf die Zeltwände. „Gut, daß wir die Büffelhäute so fest um die Stangen gebunden haben", sagt Großvater Weiser-Mann. „Und die Zeltstangen haben Adlerfeder und Schneller-Hirsch auch ganz fest in den Boden geschlagen." Großmutter Helle-Wolke legt ein paar Holzscheite in das Feuer. Die Funken sprühen. Der Feuerschein tanzt an den Zeltwänden entlang. Kleine-Maisblüte und Fliegender-Pfeil, die beiden Indianerkinder, haben sich in die warmen Bärenfelle gekuschelt.

„Großvater", sagt Kleine-Maisblüte, „warum ist es noch immer so kalt? Der warme Südwind soll endlich wehen!" „Ja", meint Fliegender-Pfeil, „er soll den Nordwind vertreiben, den bösen frostigen Sturm!"

Großvater zieht an seiner Pfeife. Er rückt sich auf seinem Sitzkissen zurecht. Die Kinder schauen ihn erwartungsvoll an. Großvater kann abends am Feuer die schönsten Geschichten erzählen. „Der Südwind ist ein fauler Bursche", beginnt der alte Indianer. „Faul ist er und unglücklich zugleich. Er liegt im Gras und zieht an seiner langen Pfeife. Aber die kann seine traurigen Gedanken

auch nicht vertreiben." „Warum ist der Südwind denn so traurig", fragt Kleine-Maisblüte. „Das ist lange her", erzählt der Großvater. „Es war an einem schönen warmen Tag im Frühling. Die Lerchen und Schwalben schwangen sich hoch in die Lüfte. Es duftete nach frischem

Gras, nach Kräutern und Blüten. Da sah der Südwind in der Ferne ein schönes Mädchen. Ganz allein stand es auf der grünen Wiese, schlank und schön. Ihr Haar leuchtete wie lauter Gold. Er hätte sich fast die Augen ausgeschaut, so verliebt war er in die schöne Gestalt. Aber er war viel zu träge, um näher heranzugehen und ihr seine Liebe zu gestehen.

Jedesmal, wenn er sich an ihrem Anblick erfreut hatte, wurde er müde und schlief ein. Eines Morgens wandte er seinen Kopf wieder gen Norden, um die goldenen Haare seiner Freundin zu bewundern. Aber, oh Schreck, die goldenen Haare waren verwandelt, sie waren mit silbernem Reif überstreut.

‚Das hat der böse Nordwind getan', schrie der Südwind. ‚Der hat das schöne Mädchen mit seinen frostklirrenden Ket-

ten gefesselt! Oh, wäre ich doch nicht so faul gewesen! Ich hätte hingehen und sie holen sollen! Nun ist sie verloren.'

Der Südwind seufzte und seufzte. Sein warmer Atem flog über die Prärie. Ein starker heißer Südwind streifte über die Gräser. Weiße Flocken tanzten über die Wiese wie erster Schnee. Aber das Mädchen war verschwunden."

„Wie ist das nur geschehen", fragt Kleine-Maisblüte. „Hat der Nordwind sie mitgenommen?" „Wartet's nur ab", sagt der Großvater und nimmt ein paar Züge aus seiner Pfeife. „Auf der Wiese stand kein Mädchen. In der Ferne stand eine gelbe Löwenzahnblüte. Die leuchtete ganz golden in der Frühlingssonne. Der Südwind hat nur nicht so genau hingesehen. Und der silbergraue Reif – das war der helle Flaum der Löwenzahnblüte, wenn sie verblüht ist.

Der Südwind hat ihn überall hingeblasen, über die ganze Prärie. Und wenn der Südwind wieder über das Land fährt, dann wissen die Indianer: Der Südwind hat Sehnsucht nach seiner Freundin mit dem goldenen Haar auf der Frühlingswiese."

WENN GROSSMUTTER SILBERKOPF GESCHICHTEN ERZÄHLT

(frei erzählt nach einem alten Indianermärchen)

Über Nacht war es noch einmal kalt geworden. Ein eisiger Frühjahrssturm fegte über die Indianerzelte am Fuße der hohen Berge. Er riß die ersten jungen Blätter von den Bäumen und bedeckte die grünen Abhänge mit einer eisigen weißen Decke.

Er tobte zwischen den Tipis hindurch, daß die Zeltstangen knarrten. Er riß an den festgezurrten Büffelhäuten. Es war, als ob die Tipis stöhnten und ächzten.

Die beiden Indianerkinder Bunte-Feder und Rote-Blume krochen tiefer in die warmen Wolfsfelle hinein. Sie blinzelten in das knisternde Feuer. Von oben durch das Feuerloch im Zelt schlug der Wind immer wieder in die Flammen hinein, daß sie aufsprühten. „Das Feuer darf nicht ausgehen", sagte Mutter Lachende-Sonne.

Großmutter Silberkopf legte immer wieder kleine Holzstücke nach. Über dem Feuer hing der Topf mit der duftenden warmen Hirschsuppe. Die Kinder hatten genug davon zu essen bekommen. Die Suppe mit den leckeren Fleischstücken tat gut. Allmählich ließ der Sturm nach. „Der Eismann ist an unseren Tipis vor-

beigeritten! Dem Großen Geist sei Dank", flüsterte Großmutter Silberkopf. „Wie sieht denn der Eismann aus", wollte Bunte-Feder wissen.

„Ich hab' ihn selbst noch nicht gesehen. Aber meine Großmutter hat mir oft davon erzählt", sagte Silberkopf. „Er reitet auf einem riesigen dunklen Büffel durch den Schnee. Er trägt einen Kopfschmuck aus langen weißen Federn, daran glitzern die Eiskristalle. Um die Schultern hat er helle Häute geschlungen. Die sollen von einem weißen Hirsch stammen. Aus den Taschen holt er weiße Eisklumpen heraus. Die wirft er weit über das Land. Wir können froh sein, wenn er vorbeireitet, weit fort von uns!"

„Großmutter", bat Rote-Blume, „erzähl uns eine schöne Geschichte! Nicht von Eis und Schnee und Sturm! Eine Geschichte mit bunten Farben!"

Die Großmutter zog an ihrer Pfeife und blies ein paar Rauchringe hoch. „Es ist schon sehr lange her", begann sie, „da schenkte die Sonne der Erde ihr warmes Licht. Sie gab den Blumen, den Tieren und Menschen ihre schönen bunten Farben. Wie weiße

‚Wir wollen zur Sonne fliegen und sie um bunte
Federn für unser farbloses
Gefieder bitten. Ich werde voranflie-
gen und euch den Weg zeigen.'
So erhob sich der große graue Vogel-
schwarm und flog der Sonne entgegen.
Nur der kleine Spatz blieb auf seinem
Nest sitzen. ‚Ich kann meine Eier nicht
kalt werden lassen', tschilpte er. Die
Nachtigall trillerte: ‚Ich bin zufrieden, daß
ich meinen herrlichen Gesang habe. Ich
wünsche mir gar nicht neue Federn.' Und
der kleinste Vogel, der Kolibri, piepste:
‚Ich bin zu klein für so einen weiten Flug.
Ich bleibe zurück hier auf der Erde.'

Schafe mit schimmern-
der Wolle zogen die Wolken
am Himmel entlang. Abends
bekamen sie rote Ränder wie
leuchtende Mohnblumen. Den
Bären und Wölfen schenkte sie
wunderbare braune und graue
Felle und den Fischen glänzende Silberschuppen. Nur die
Vögel hatte sie vergessen.
Die saßen mit ihrem unschein-
baren Gefieder in den Zweigen
und schämten sich. Sie kamen
zu einer Beratung zusammen.
Sie piepten, tschilpten und
lärmten durcheinander.
Da erhob der Adler seine
mächtige Stimme und rief:

Die Sonne erhörte die Bitten der
Vögel. Sie rief Wolkenfetzen,
Schäfchenwolken und Regenwolken her-
bei und befahl dem schnellen Wind,
kräftig zu blasen und die Wolken zu
schütteln. Endlich fiel Regen auf die
Erde.

Da lenkte die Sonne ihre leuchtenden Strahlen in die Regenwolken hinein und zauberte einen wunderbaren bunten Regenbogen. ‚Fliegt hindurch, rasch, ehe der Bogen verschwindet!' rief die Sonne. Und wirklich, jeder Vogel suchte sich seine schönste Farbe aus und flog hinein.

Da bekamen die Rotkehlchen eine schimmernde Brust, die Flamingos herrliche rote Füße, und die Papageien freuten sich über die prächtigen bunten Federn. Die Vögel dankten der Sonne mit herrlichen Gesängen. Auch heute noch schmettern sie ganz früh zum Dank ihre Lieder, wenn die Sonne ihre ersten Strahlen auf die Erde wirft.

Und der kleine Kolibri? Die Tropfen des Regenbogens spiegelten sich in den Blütenkelchen, aus denen die Kolibris mit ihren langen Schnäbeln die Tropfen saugen. Und seitdem haben auch die Kolibris ihre schönen bunten Federn."

„Das war eine wunderschöne Geschichte", sagten die kleinen Indianerkinder. „Mir ist richtig warm davon geworden", rief Rote-Blume.

„Nun kriecht in eure Felle und schlaft, bis die Sonne aufgeht", sagte die Großmutter und deckte die Kinder noch einmal fest zu. „Der Sturm hat nachgelassen! Morgen könnt ihr mit euren Schneeschuhen durch den Schnee gehen."

Oh ja, darauf freuten sich Rote-Blume und Bunte-Feder schon.

WENN INDIANERKINDER AUF DIE JAGD GEHEN UND EIN BÜFFELFEST FEIERN

Während der Erzähler die Handlung schildert, führen die Indianerkinder pantomimisch die angegebenen Vorgänge (aufwachen, anziehen, schwimmen, auf die Jagd gehen etc.) aus. Einige Kinder können die Handlung auch mit verschiedenen Instrumenten akustisch begleiten.

Erzähler:

Der Indianerjunge Schneller-Hirsch schläft in seinem Tipi. Er schnarcht ganz laut. Das hört sich fast wie das Brummen eines Bären an.

(Die Kinder haben sich zusammen-gerollt und schnarchen.)

Auf einmal hört er von einem anderen Zelt her den Ruf seines Indianerfreundes Rote-Feder. Das ist das Zeichen, daß sie schon ganz früh auf die Jagd gehen wollen.

(Der Erzähler schlägt sich mit der Hand mehrmals schnell auf den Mund und stößt dabei einen Schrei aus.)

Mit dem warmen Südwind sind auch die Tiere wieder zurückgekehrt und suchen in der Prärie nach Nahrung. Schneller-Hirsch streift sich den Lendenschurz über, zieht die Mokassins an und schnallt sich den Köcher mit den Pfeilen um. Dann legt er den Bogen über die Schultern. Schnell laufen die beiden zum Fluß hinunter. Indianerjungen müssen eiskaltes Wasser ertragen können. Sie streifen die Mokassins ab, legen die Kleidung ab und springen ins Wasser. Sie schwimmen ganz schnell hin und her. Dann ziehen sie sich wieder an

und schleichen durch das hohe Steppengras.

Auf einmal sieht Schneller-Hirsch ganz in der Ferne eine Büffelherde vorbeiziehen. Sie schleichen sich näher heran, legen sich ins Gras und beobachten die Herde, die weit entfernt auf der anderen Seite des Tales weidet.

Es ist eine sehr große Herde. Die beiden Jungen müssen den Männern im Dorf Bescheid geben. Wenn sie viele Büffel erlegen, haben sie genug Fleisch für den langen Winter.

Die Jungen wollen Rauchzeichen geben. Sie sammeln Holzstücke, zünden ein Feuer an und schwenken mit einem Tuch darüber, daß der Rauch in eine bestimmte Richtung zieht. Das ist das verabredete Zeichen für eine große Büffelherde.

Bald schleichen die Männer des Dorfes durch das Gras. Als sie nahe genug an die Herde herangekommen sind, spannen sie ihre Bogen. Schneller-Hirsch hat als erster einen Büffel getroffen. Auch Rote-Feder hat einen Büffel erlegt. Gegen Abend schleppen immer zwei oder drei Indianer ein Tier hinter sich her dem Dorf zu. Dann gibt es ein großes Büffelfest. Die Indianerjungen stoßen immer wieder ganz begeistert ihren Indianerruf aus (mit den Händen schnell auf den Mund schlagen und dabei tief brummen). Dann singen sie alle das Indianerlied:

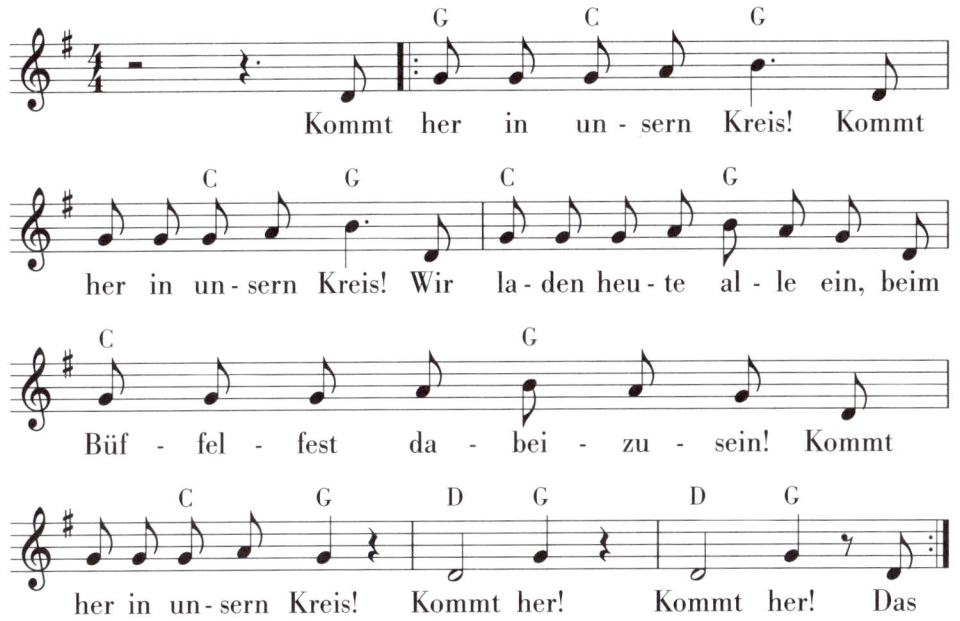

Kommt her in un-sern Kreis! Kommt her in un-sern Kreis! Wir la-den heu-te al-le ein, beim Büf-fel-fest da-bei-zu-sein! Kommt her in un-sern Kreis! Kommt her! Kommt her! Das

Das Feuer angefacht!
Das Feuer angefacht!
Wir tanzen heut' die ganze Nacht,
mit Rasseln wird viel Krach gemacht.
Das Feuer angemacht!

Heraus aus eurem Zelt!
Heraus aus eurem Zelt!
Schaut zu beim wilden Büffeltanz,
die Federn fliegen, Fell und Schwanz.
Heraus aus eurem Zelt!

Wenn früh die Sonne lacht,
wenn früh die Sonne lacht.
Dann kriechen wir ins Zelt hinein,
Indianerkinder schlafen ein.
Wenn früh die Sonne lacht!

Wenn die Indianerkinder schlafen, kann ein anderes Kind sie nach einer Weile mit einer Indianerfeder wachkitzeln, und das Spiel beginnt von neuem.

73

DIE GROSSE BÜFFELJAGD

(ein Bewegungsspiel für viele Kinder)

Während ein Erzähler von den Abenteuern bei den Indianern berichtet, führen die Kinder pantomimisch die entsprechenden Bewegungen aus. Ein Teil der Kinder spielt die Indianer, der andere Teil die Büffel.

Es ist noch ganz früh am Morgen. Die Indianer schlafen noch alle in ihren Zelten. Da kommt Schneller-Pfeil von den Bergen ins Indianerdorf gerannt.

Die Kinder liegen zusammengerollt auf dem Boden. Sie schlafen.

„Aufstehen", ruft er. „Wir haben eine große Büffelherde entdeckt. Die Tiere grasen auf der anderen Seite des großen Flusses. Wenn wir sie in die große Schlucht treiben, können wir sie erlegen." Die Männer greifen nach Pfeil und Bogen. Die Frauen reißen die Stangen der Zelte aus dem Boden und schnüren alles zusammen. Dann werden die Hunde vor die Schleppgestelle gespannt, und los geht der lange Zug.

Nach zwei Tagen schlagen sie wieder ihre Zelte auf. Die Männer setzen sich im Kreis zusammen. Häuptling Starker-Adler holt den Farbbeutel heraus und malt sein Gesicht mit braunen Strichen an. Dann geht er im Kreis herum und schaut prüfend jeden Jäger an. „Schneller-Fuß soll morgen früh vor den Büffeln herlaufen und sie zur Felswand führen", bestimmt er. Schneller-Fuß erhebt sich ganz stolz.

Die Kinder ziehen im Kreis herum. Ein Kind spielt den Hund, der gebückt und langsam vorwärts schreitet. Er kann Schnüre umgegurtet haben, an denen er von den anderen Kindern gelenkt wird.

74

„Ich danke dem Häuptling für die große Ehre", sagt er. Starker-Adler malt ihm das Gesicht ganz ockerfarben an. „Der Große Geist soll dich beschützen", ruft er. „Schlagt nun die Trommeln! Singt das Büffellied und tanzt den Büffeltanz!"

Seht ihr den Rauch hoch-stei-gen,____ Rauch wird den Weg uns zei-gen.____ Dort stampft die Büf-fel-her-de____ ü-ber Gras und Er-de.____

Folgt nun dem Feuerzeichen,
wir woll'n das Ziel erreichen.
Schleicht leis' zur Büffelherde
über Gras und Erde.

Hin zu den großen Tieren
wird uns das Zeichen führen.
Weit sind wir schon gezogen
mit dem Pfeil und Bogen.

Und mit den guten Geistern
woll'n wir das Wagnis meistern.
Wir müssen Büffel jagen,
Fleisch nach Hause tragen.

Laßt uns um Hilfe flehen,
wenn wir auf Büffeljagd gehen.
Und in der Steppe Weiten
Geister uns begleiten.

Früh am Morgen zieht sich Schneller-Fuß das Fell eines Büffels über. Die anderen Jäger verstecken sich hinter den mächtigen Steinen entlang der „Schlucht". Nun läuft Schneller-Fuß in die Schlucht und stößt klagende Rufe aus, wie ein verwundetes Büffelkalb.

Vorsichtig nähert sich eine Büffelmutter und beschnuppert ihn. Langsam bewegt sich Schneller-Fuß weiter dem Abhang entgegen. Die anderen Büffel scharren auf dem Boden und laufen dann schneller und immer schneller auf den Abhang zu. Im letzten Augenblick springt Schneller-Fuß zur Seite. Die anderen Jäger beginnen, laut zu trommeln, zu klappern und zu schreien. Sie treiben die Herde vorwärts, bis ein Büffel nach dem anderen den Abhang hinunterstürzt. Die letzten Tiere werden noch mit Pfeil und Bogen erlegt, damit kein Tier leiden muß. Dann wird ein großes Feuer angezündet. Die besten Fleischstücke werden über dem Feuer an langen Stöcken gebraten. Die Frauen hängen die Töpfe mit der Suppe über das Feuer. Bald zieht ein köstlicher Duft über das Lager. Als alle beisammen sitzen, sagt Starker-Adler zu Schneller-Fuß: „Du bist mutig und schnell gewesen. Du sollst fortan den Federschmuck der großen erfahrenen Jäger tragen." Er steckt Schneller-Fuß drei große bunte Federn an. Dann singen sie alle noch einmal das Büffellied. Sie tanzen und stampfen die Nacht durch, bis die Sonne aufgeht und sie alle müde ins Gras sinken.

Im Raum oder im Freien werden zu beiden Seiten einer bestimmten Wegstrecke (Schlucht) Kartons aufgebaut, hinter denen sich die Jäger verstecken, bis sie vorwärts stürzen und mit vielen Instrumenten Lärm erzeugen.

Die Büffel laufen nun die Schlucht entlang, bis sie über die Kartons auf einen Kissenberg stürzen.

Während die Büffelkinder noch in den Kissenbergen herumzappeln, fangen die Indianerkinder an, ihnen pantomimisch mit sanften Streichelbewegungen das „Fell abzuziehen". Diese Streichelmassage sollte nicht in wilde Kitzelei ausarten, sondern zart und einfühlsam ausgeführt werden.

Dank sei an gu-ten Ta-gen, wenn wir die Büf-fel ja-gen, Gei-ster uns Beu-te schen-ken, uns-re Schrit-te len-ken.

Fleisch soll uns Kräfte geben,
im Winter zu überleben.
Dank woll'n wir allen sagen,
wenn wir Büffel jagen.

Tanzen wir um das Feuer,
kommt her zur Büffelfeier.
Tanzt mit die ganze Nacht,
bis die Sonn' erwacht.

Dadurch wird auch deutlich, welche Achtung die Indianer ihren Beutetieren entgegenbringen. Am Schluß des Spiels sitzen die Indianer und Büffel in einem großen Kreis um das Feuer herum. Sie reichen pantomimisch die Friedenspfeife und auch Leckerbissen weiter. Das Spiel kann in einer gemeinsamen Indianermahlzeit (Fleischtopf, Salat, Nudeln, Büffelkäse; siehe Rezepte, S. 126) ausklingen.

DIE INDIANER JAGEN DEN BÜFFEL

(ein Spiel für drei und mehr Spieler)

Schneller-Pfeil und Weiße-Wolke haben auf dem Weideplatz in der Nähe des Waldes einen Büffel entdeckt. Schnell sind sie in ihr Dorf zurückgerannt und haben die anderen Indianer informiert. Mit Pfeil und Bogen bewaffnet zieht der Stamm auf die Jagd. Der Büffel hat die Indianer sofort bemerkt und versucht zu fliehen. Wenn er das Gebiet des Großen Geistes mit den Totempfählen am anderen Ufer des großen Flusses erreicht, dürfen ihn die Indianer nicht mehr jagen, und er ist in Sicherheit.

Spielmaterial:

Für die Jagd auf die Büffelherde werden ein Würfel, der Spielplan und Spielfiguren für jeden Spieler gebraucht. Aus Knete, Fimo oder Ton können die kleinen Indianer und ein oder mehrere Büffel gebastelt werden. Wer dazu keine Zeit oder Lust hat, spielt mit einfachen bunten Spielfiguren.

Der Spielplan ist auf der nächsten Doppelseite dieses Buches. Jede Seite sollte auf DIN A 3 Format kopiert und auf Pappkarton aufgeklebt werden. Dann die beiden Seiten aneinanderkleben und ausmalen.

Spielregeln:

Ein Spieler übernimmt die Rolle des Büffels, die anderen sind die Indianer. Gewürfelt wird nach der Reihe im Uhrzeigersinn. Der Spieler, der zur Linken des Büffels sitzt, beginnt. Es darf vor- und rückwärts gezogen werden. Doch bevor es losgeht, sind noch folgende Regeln zu beachten.

Der Büffel:

Die Indianer sind dem Büffel dicht auf den Fersen. Der Büffel startet vom Weideplatz (links oben). Ohne sich um die Bildfelder zu kümmern, kann er in das Gebiet des Großen Geistes, das mit dem Totempfahl gekennzeichnet ist, flüchten. Dabei gibt es für ihn auch Abkürzungen: So kann er den See an der breitesten Stelle durchschwimmen und durch das Maisfeld flüchten. Die Indianer darf er allerdings nicht überspringen.

Die Indianer:

Sie beginnen ihre Jagd natürlich im Indianerdorf und wollen den Büffel so schnell wie möglich fangen. Das kann ihnen nur gemeinsam gelingen. Entweder kreisen sie den Büffel so ein, daß er nicht mehr entkommen kann, oder ein Spieler erreicht mit seiner Würfelzahl genau das Feld, auf dem der Büffel gerade steht. Den See dürfen die Indianer nicht durchschwimmen und auch ihr Maisfeld werden die Jäger nicht durchqueren. Bei ihrer Jagd kommen die Spieler auch auf verschiedene Bildfelder. Für diese gelten folgende Regeln:

Pferd:

Du hast ein wildes Pferd, einen Mustang, gefangen und gezähmt. Jetzt kommst du schneller voran und darfst noch einmal würfeln!

Feuerstelle:

Du brauchst jetzt eine Rast. Einmal mit dem Würfeln aussetzen.

Fisch:

Du wolltest einen Fisch fangen, der so groß war, daß er dir die Angelschnur aus der Hand gerissen hat. Zweimal mit dem Würfeln aussetzen!

Spielende:

Wenn der Büffel gefangen oder auf das Feld mit dem Totempfahl geflohen ist. Falls viele Kinder mitspielen, sollten zwei oder drei jeweils einen Büffel spielen.

AUF DEM LACH- UND KITZELPFAD

Indianerkinder müssen lernen, sich zu beherrschen. Auf langen Jagdpfaden müssen sie Hunger und Durst ertragen können, Schmerzen aushalten und sich leise, ohne ein Wort, dem Beutetier nähern. Nacheinander laufen die Indianerkinder den „Lach- und Kitzelpfad" entlang. Es stehen sich zwei Reihen Kinder gegenüber. Sie schneiden Grimassen, kitzeln das Kind auf dem Pfad, pusten ihm „Wind" ins Gesicht... Das Indianerkind muß versuchen, ganz ernst und beherrscht das Ende des Pfades zu erreichen.

INDIANER SCHLEICHEN SICH AN

Dies ist ein Spiel, um eine aufgeregte Kinderschar zur Ruhe zu führen. Die Indianer wollen auf die Hirschjagd gehen. Dazu müssen sie ganz besonders vorsichtig sein. Hirsche sind besonders scheue Tiere. Im Raum sind Baumstämme (Bänke) aufgestellt. Über diese müssen die Indianer ganz vorsichtig balancieren. Danach wird ein Bach durchwatet (markiert durch zwei blaue Kreppapierstreifen) und über eine Wiese (eine ausgebreitete grüne Decke, auf der knisterndes Papier verteilt ist)

geschlichen. Durch dichtes Unterholz geht es nur gebückt weiter (unter einem Tisch durchkrabbeln). Bei einem Baum kommen die Indianer an einem Bienenstock vorbei und müssen schnell flüchten. An einem See (blaues Tuch) stechen die Mücken die Indianer. Sie müssen sich kratzen.
Die Kinder werden noch mehr Hindernisse finden (Berg, Höhle, Felsabhang...), die leise bezwungen werden müssen.

INDIANERKINDER AUF DEM „FÜHLPFAD"

Indianerkinder müssen gut riechen, fühlen, tasten, sich im Dunkeln zurechtfinden können, wenn sie auf Jagd sind. Das folgende Spiel kann die Sinne von kleinen Indianern schärfen.
Einem Indianerkind werden die Augen verbunden, nachdem es sich die Mitspieler gut eingeprägt hat.
Nun verändern die Spieler ihre Plätze und ihr Aussehen. Kleiner-Bär bekommt zum Beispiel die Mokassins von Krähenfeder, Großer-Adler tauscht mit Kleinem-Reh den Federschmuck und die Ketten aus Muscheln, Kork und Holzstücken. Auch die Trommeln, Rasseln, Tabaksbeutel und Friedenspfeifen können getauscht werden. Jetzt versucht das Kind mit den verbundenen Augen, die Mitspieler zu erkennen.

LIED ZUR BÜFFELJAGD

Wir wol - len Büf - fel ja - gen, legt

Pfeil und Speer be - reit. Wir brau - chen Fleisch zum

Le - ben, hart war die Win - ter - zeit.

Holt die Schel - len, Trom - meln her, Mas - ken, Fe - dern,

Fel - le schwer. Büf - fel - horn und Büf - fel - schwanz zum

gros - sen Büf - fel - tanz. In -

Indianer schleichen leise,
das kann ein jeder gut.
Vor Hufen und vor Hörnern
vergeht uns nicht der Mut.

Kehrvers:
Holt die Schellen, Trommeln her,
Masken, Federn, Felle schwer.
Büffelhorn und Büffelschwanz
zum großen Büffeltanz.

Kühl streicht um unsere Zelte
der leichte Morgenwind.
Beim ersten Strahl der Sonne
die Büffeljagd beginnt.

Kehrvers:
Holt die Schellen, Trommeln her,
Masken, Federn, Felle schwer.
Büffelhorn und Büffelschwanz
zum großen Büffeltanz.

Mit Fellen, Pfeil und Bogen
und Augen wie ein Luchs,
so schleichen wir verkleidet
so wie ein schlauer Fuchs.

Kehrvers:
Kommt zur Büffeljagd herzu,
gönnt den Tieren keine Ruh'.
Treibt die Herde zu uns her,
schon surrt der erste Speer.

Wir kreisen nun die Herde
mit vielen Jägern ein,
Es bebt und dröhnt die Erde,
die Luft von unserm Schrein.

Kehrvers:
Kommt zur Büffeljagd herzu,
gönnt den Tieren keine Ruh'.
Treibt die Herde zu uns her,
schon surrt der erste Speer.

Nun ist die Jagd zu Ende,
dank sei dem Großen Geist.
Du gabst in unsre Hände,
was Leben uns verheißt.

Kehrvers:
Feiern wir das Büffelfest,
bleibt vom guten Fleisch kein Rest.
Und wir laden alle ein,
heut' unser Gast zu sein.

FINGERSPIEL VOM LÖWENZAHN

(Und morgen geht's von neuem los! Ätsch!)

Guckt doch mal her! Der kleine Mann,
wie der mächtig wachsen kann!
Wie er sich reckt, wie er sich streckt!
Jeden Tag ein kleines Stück,
hat der aber Glück!
Kriegt Blätter, gezackt und grün,
und schaut sich um: Wie schön ich bin!
Auf den Stengeln, schaut doch her,
glühen goldgelbe Sonnen - mehr und mehr
Seht den bloß an - den Löwenzahn!
Kommt die Mutter in den Garten -
schnippe-schnapp -
schneidet sie die Sonne ab!
Schimpft: „So ein frecher Löwenzahn!"
Aber ätsch! Der fängt von vorne an!
Hat morgen schon neue Triebe rausgestreckt.
wie er sich streckt und reckt!
Jeden Tag ein kleines Stück,
hat der aber Glück!

Der Zeigefinger der linken Hand ist der Löwenzahn, der sich nach oben reckt und streckt. Immer mehr Finger strecken sich hoch.

Zeigefinger und Mittelfinger der rechten Hand sind die Schere, die die „Sonnen" der linken Hand abschneidet. Die Finger schließen sich zur Faust, strecken sich dann wieder vorsichtig aus.

WIR BASTELN MIT INDIANERKINDERN

Wir sticken einen Löwenzahn

Material: Fotokarton oder eine rechteckige kleine Tortenplatte aus Pappe, Bleistift, Schere, lange grüne und gelbe Wollfäden, dicke Stopfnadeln, Buntstifte

Arbeitsanleitung:
Mit Bleistift die Form eines Löwenzahns auf den Karton (siehe Abbildung) aufmalen. Dann mit der Stopfnadel in etwa einem Zentimeter Abstand an den Umrissen der Blume kleine Löcher einstechen. Nun mit dem grünen Wollfaden und der Nadel durch die vorgestanzten Linien entlang des Stengels und des Blattes und anschließend auf dem gleichen Weg wieder zurücksticken. In einer zweiten Runde werden alle Lücken ausgefüllt. Das gleiche geschieht mit der gelben Blüte. Zum Schluß auf der Rückseite die Fadenenden verknoten.

Das Stickbild kann mit den Buntstiften dann ausgemalt werden.

Idee: Kindergarten Mönkeberg

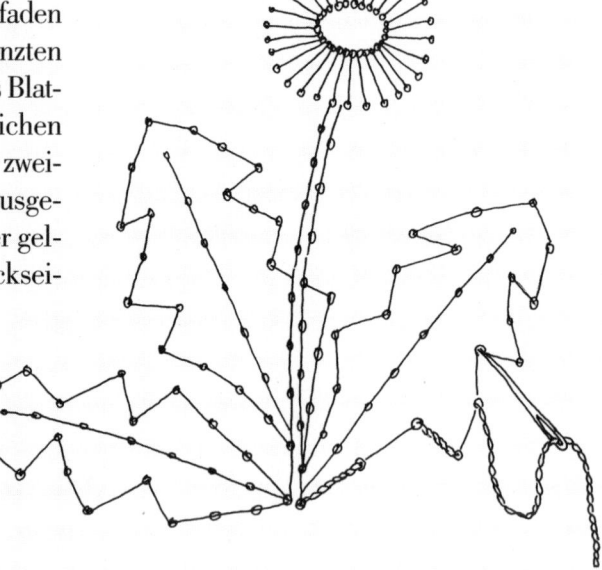

5

VON ZEICHEN, RAUCH
UND BUNTEN FARBEN

Die vielen verschiedenen Indianerstämme hatten ganz verschiedene Sprachen. Darum war es wichtig, die Gebärdensprache zu beherrschen, die fast überall verstanden wurde. So bedeutete die ausgestreckte Hand, die über dem Bauchnabel hin- und hergeführt wurde, daß der Indianer hungrig war. Zur Begrüßung wurde die offene rechte Hand bis zur Höhe der Schultern gehoben und langsam in Kreisen bis zur Augenhöhe geführt. Zum Zeichen der Freundschaft zeigten Zeigefinger und Mittelfinger nach oben. Die Handfläche wurde nach außen gekehrt und vom Gürtel bis zur Schulterhöhe geführt. Wenn man ausdrücken wollte, daß ein Hirsch gesichtet war, wurden die geöffneten Hände vom Gesicht weg nach oben geführt, um das Geweih des Hirsches darzustellen. Neben der Pfeife, als Zeichen des Friedens, benutzten die Indianer auch Masken,

um bestimmte Eigenschaften oder Stimmungen auszudrücken. Die Indianer hatten neben der Zeichensprache auch noch eine andere Möglichkeit, sich zu verständigen.

In der weiten baumlosen Steppenlandschaft sandten sie durch Rauchsignale oder Feuerzeichen bestimmte Botschaften aus. In den sandigen Wüstengebieten zeichneten sie Botschaften in den Sand. In den Waldgebieten am Atlantik verwendete man Blätter, Steinbrocken und kleine Äste, um bestimmte Mitteilungen zu hinterlassen. Auch Trommelzeichen dienten zur Nachrichtenübermittlung.

Auch mit Farben wußten die Indianer sich mitzuteilen. Sie bemalten ihre Körper, weil sie bewundert werden wollten. Die Farbe sollte den Feinden auch Angst einflößen. Rot ist die häufigste Farbe der Krieger. Die Indianer malten auf ihren Kriegszügen Gesicht und Körper mit roter Farbe an. Sie glaubten, dadurch unbesiegbar zu sein. Auch ihre Waffen, Spieße und Speere wurden rot angemalt.

Die verschiedenen Stämme der Indianer maßen den Farben unterschiedliche Bedeutung und Kraft zu. Weiß galt allgemein als Symbol für Tod und Trauer. Schwarz drückte Freude aus. Mit schwarzer Farbe bemalten sich auch die jungen Krieger, wenn sie das erste Mal in den Kampf zogen. Die Indianer bereiteten die Farbstoffe aus Tiersäften, Pflanzen und verschiedenfarbigen Erden zu. Die weiße Farbe gewannen sie aus Muschelschalen und Kalk.

Nicht nur die Farben, auch die Bemalung des Gesichtes war von Stamm zu Stamm verschieden. Bei einem Stamm malten sich die Männer das eine Auge schwarz, das andere Auge weiß, wenn sie in den Krieg zogen. Andere Stämme malten sich Kreise und Striche in verschiedenen Farben ins Gesicht. Wenn ein Mann sich von oben bis unten mit schwarzer Farbe bemalte, wollte er jemanden töten.

Die Farben bildeten auch einen Schutz vor der Sonne und waren bei einigen Stämmen Ersatz für die Kleidung. Diese farbige Bemalung sollte den Kriegern im Kampf besondere Kräfte verleihen. Auch die Indianerfrauen malten sich an. Ihre Bemalung sollte ihre Schönheit unterstreichen.

Mit Farben und Formen schmückten die Indianer aber nicht nur ihren Körper. Sie verzierten auch viele Gegenstände auf kunstvolle Art. Sie bemalten Tierhäute, Holz, Ton und Stein. Viele kunstvoll bemalte Tontöpfe zeugen noch heute von der großen Kunstfertigkeit der Indianer.

WENN DER GROSSE HÄUPTLING KOMMT

Michael hat den ganzen Nachmittag lang mit seinen Indianern gespielt. Vor dem Schrank hat er die Indianerzelte aufgebaut. Auf der anderen Seite preschen die Indianer auf ihren schnellen Pferden über die Prärie den Bergen entgegen. Dort hat er das große Fort der Bleichgesichter mit dem Palisadenzaun aufgebaut.

Die Sheriffs versuchen sich zu wehren, aber der Indianerhäuptling Schneller-Pfeil ist zusammen mit Blauer-Feder, Scharfes-Beil und den anderen Indianern von der Rückseite her in das Fort der Weißen eingedrungen. Sie haben viele Gefangene gemacht und ziehen nun in der Abenddämmerung zu ihren Tipis zurück.

Na, Michael, ich glaub', nun wird es Zeit, schlafen zu gehen", sagt die Mutter und versucht, über Pferde und Zelte hinwegzusteigen. „Willst du nicht wenigstens die Indianer noch wegräumen?" „Hugh, der große Häuptling hat gesprochen", sagt Michael. „Schneller-Pfeil will heute nacht vor meinem Bett schlafen. Der Häuptling will nicht in die Spielzeugkiste

zurück. Er muß nämlich noch die Friedenspfeife am Feuer rauchen."

„Na, dann laß dir vom Häuptling bloß nicht die Bude vollqualmen", sagt die Mutter lachend und schaltet das Licht aus. Der Mondschein fällt auf die bunten Indianerfedern von Michaels Kopfschmuck. Daneben liegt seine Lederweste mit den bunten Flicken und seinem spitzen Pfeil. Das war sein Indianerkostüm beim Faschingsfest.

Toll ist das gewesen. Michael hat mit Martin und Lukas Anschleichen gespielt. Lautlos sind sie von hinten auf das Zelt der Mädchen zugeschlichen und haben sie gefesselt. Das hat auch den Mädchen Spaß gemacht, als die Jungen sie nachher mit bunten Farben angemalt haben.

Auf einmal richtet sich Michael auf. „Hat es nicht irgendwo geknackt? War das nicht ein Geräusch wie ein surrender Pfeil?"

Michael reißt die Augen auf. Im schwachen Mondlicht sieht er jemand am Fußende seines Bettes stehen. „Ja, tatsächlich! Das ist ja Schneller-Pfeil!"

Der Häuptling legt seinen Zeigefinger und den Mittelfinger an die Lippen, dann an den rechten Nasenflügel. Danach zeigt er auf die rote Indianerfeder auf dem Fußboden.

Danke, danke", flüstert Michael. Ja, das ist das Zeichen für Blutsbrüderschaft. Der Häuptling bietet ihm seine Freundschaft und Blutsbrüderschaft an. Schneller-Pfeil tritt einen Schritt näher. Er nimmt seine lange Feder in die Hand und steckt sie Michael seitlich in die Haare.

Ha! Michael nickt ganz stolz. Er hat verstanden. Das ist das Zeichen, daß er einen Freund erkannt und berührt hat. Der Häuptling winkt Michael heran und entrollt auf dem Boden eine große Rolle mit seltsamen Zeichen. Michael staunt. Ja, einige Zeichen kennt er. Da oben, der Vogel, das ist ein Adler. Und daneben der Mann im Profil mit den gestrichelten Linien vor dem Auge. Das ist der Mann, der den Vogel sieht. Und da, die beiden Strichmänner, die sich an den Händen halten. Das bedeutet Freundschaft. Und hier, die Tiere kann er auch unterscheiden, den Bär, die Kuh, das Pferd, den Fisch, den Hasen, die Eidechsen und die Schlange.

Von draußen ist ein unheimlicher Schrei zu hören. Ja, das ist die Eule, die immer gegen Abend aus dem Wald kommt und um die Bäume im Garten streicht.

Michael legt die Feder hinter die Ohren und schlägt mit den Armen auf und ab. Das soll in der Zeichensprache der Indianer heißen: „Ich höre eine Eule."

Großer Häuptling klopft ihm anerkennend auf die Schulter. Nun holt er die rote Farbe aus Michaels Fingerfarbkasten und malt sein Gesicht rot an. Michael guckt ganz stolz in den Spiegel. Er weiß, Rot ist eine heilige Farbe. Sie ist wie eine Medizin. Wenn er auf Kriegspfad ziehen muß, wird er unbesiegbar sein. Dann legt Schneller-Pfeil den Kopf in seine Hand. Michael weiß: Das ist das Zeichen zum Schlafen. Ganz gehorsam kriecht er in sein Bett. Schneller-Pfeil zündet sich seine Friedenspfeife an und läßt Michael auch mal dran ziehen. Ein würziger Duft nach Gras und Kräutern erfüllt das Zimmer. Michael wird ganz müde. Schon ist er eingeschlafen.

Er träumt von der Büffeljagd, vom Kanufahren und vom großen Palaver im Indianerzelt.

„Sag mal, malst du dich nachts an wie zum Fasching", hört er auf einmal Mutters Stimme. Helle Sonnenstrahlen schießen durch das Fenster. „Und deine Indianer reiten ja immer noch hier überall herum. Nun wird aber aufgeräumt!"

„Mal sehen", brummt Michael, „ein paar Sheriffs kann ich ja wegräumen. Aber den Häuptling mit seinen Indianern, den laß ich stehen. Ich will doch mal wieder Indianerbesuch kriegen", denkt er. Das braucht aber wirklich niemand zu wissen. Das bleibt das große Geheimnis zwischen Blutsbrüdern.

KOMMT MIT INS LAND DER INDIANER!

(Ein Bewegungsspiel mit vielen Liedern)

Wir In - dia - ner schlei - chen durch die Nacht.

Seid ganz lei - se, daß kein Tier er - wacht.

So ge-wandt wie der Fuchs, so ge-schmeidig wie der Luchs,

wir In - dia - ner schlei - chen durch die Nacht.

Erzähler:

Michael spielt den ganzen Nachmittag mit seinen Indianern. Häuptling Adlerfeder steht oben auf dem Berg und beobachtet die Büffelherde. Michael läßt ihn Rauchzeichen für die anderen Indianer geben. Dazu hat er sich heimlich von seiner großen Schwester die duftenden Räucherstäbchen stibitzt. Die anderen Indianer reiten auf die große Büffeljagd. Sie binden ihre Pferde an den Steinen fest. Langsam und vorsichtig schleichen sie durchs hohe Gras, immer den Spuren der Büffel nach. Gegen Abend kreisen sie die große Herde ein. Und dann lassen Adlerfeder, Heller-Stern und Großes-Horn ihre Pfeile sausen.

Drei Büffel erlegen sie. Und der jüngste Indianerjunge, Fliegender-Stern, jagt sogar noch eine flinke Gazelle, gleich bei seiner ersten Jagd. Die Indianer binden die Büffel an langen Holzstangen fest und schleifen sie hinter ihren Pferden her. Langsam reiten sie zu den Zelten. Gegen Abend gibt es ein großes Büffelfest mit wilden Trommeln und Rasseln.

Wir Indianer laden alle ein.
Kommt zum Büffelfest in unser Zelt herein.
Hei, das gibt ein gutes Essen, und das Tanzen nicht vergessen!
Hei, Indianer feiern in der Nacht.

Wir Indianer kennen jeden Weg,
Jeden Baum und Busch und Fluß und
jeden Steg.
Jede Spur auf feuchter Erde,
auch die große Büffelherde.
Hei, Indianer feiern in der Nacht.

Wir Indianer achten Baum und Bär.
Und wir kommen nicht zu Krieg und
Morden her.
Heilig ist die Mutter Erden,
sie darf nicht zerstöret werden.
Hei, Indianer feiern in der Nacht.

Erzähler:

Na, Michael", hört der Junge Mutters Stimme kurz vor dem Einschlafen, „warum hast du deine Indianer nicht aufgeräumt?" „Ich bin schon am Wegpennen", sagt Michael schläfrig. „Adlerfeder und die anderen Indianer wollen nicht in die Spielzeugkiste. Sie wollen die Nacht am Feuer verbringen." „Dann laß sie morgen aber wirklich in die Spielzeugkiste reiten", sagt die Mutter, „man weiß ja gar nicht, wo man hintreten soll." Sie schaltet das Licht aus und geht. Im Zimmer ist es fast dunkel. Nur ein schwaches Mondlicht fällt durch die Gar-

dine auf die Indianerzelte mit den Pferden und den Reitern. Michael wartet
gespannt. Er versucht, das Dunkel mit
den Augen zu durchdringen. Indianer
haben scharfe Augen.

Am Hört ihr den Eu - len-schrei von fern?
He - ja - he - ja - he - ja! Das **E** **Am** ist der Häupt - ling Hel - ler Stern,
he - ja - he - ja - he - ja, der **Dm** nie in ei - nem Kampf ver - lor, das **Am**
Dm Feu - er - zei - chen steigt em - por. **Am** Schnel - ler, **C** sat - telt eu - re
B Pfer - **C** de, drü - ben zieht die Mu - stang -
B her - **C** de. Rei - ten, rei - ten wie der Wind, die
wil - de Jagd be - **E** ginnt! Der

Der Häuptling hält die ganze Nacht,
hejahejahej,
im hohen Steppengras die Wacht,
hejahejahej.
Nun hat die Mustangs er entdeckt,
die Weißen hatten sie versteckt.

Kehrvers:
Schneller, sattelt eure Pferde,
drüben zieht die Mustangherde.
Reiten, reiten wie der Wind,
die wilde Jagd beginnt.

Wir malen uns zum Kampfe an,
hejahejahej,
daß jeder Feind es sehen kann,
hejahejahej.
Wir schrecken nicht vorm harten Beil,
bei uns trifft jeder scharfe Pfeil.

Kehrvers:
Schneller, sattelt eure Pferde,
drüben zieht die Mustangherde.
Reiten, reiten wie der Wind,
die wilde Jagd beginnt.

Erzähler:

Jetzt sieht Michael den Häuptling Adlerfeder ganz deutlich. Adlerfeder wird größer und größer, setzt sich den bunten Federkopfschmuck auf und bindet sich Pfeil und Bogen um. Aufrecht steht er in voller Größe am Fußende von Michaels Bett. „Na, kleiner Indianerfreund", hört er eine tiefe Stimme. „Du gefällst uns.

Du weißt so viel über das Leben der Indianer. Du kennst unsere Tipis, unsere Pferde, unsere Jagdwaffen. Großer Häuptling bietet dir an, mit ihm die Friedenspfeife zu rauchen."

„Das ist eine gewaltige Ehre, großer Häuptling", sagt Michael leise. „Ich nehme eure Einladung gerne an."

„Dann steh' auf, kleiner Michael! Wir bauen unten im Garten unser Tipi auf. Wir hangeln uns die Regenrinne am Balkon herunter, dann sind wir schnell unten. Aber leise, Indianer bewegen sich lautlos, wie auf der Jagd."

Alle, die mit uns durchs Steppengras schleichen,
müssen wie Schlangen so lautlos sein.
Alle, die Spuren folgen und Zeichen,
müssen geschickt wie ein Wiesel sein.
Adlerfeder, Büffelzahn,
wilde Indianer, wilde Indianer.
Adlerfeder, Büffelzahn,
führt unsre Freunde zur Jagd heut an!

Alle, die nachts das Feuer schüren,
müssen im Dunkeln sehr wachsam sein.
Alle, die Hunger und Schmerzen nicht
spüren,
jeder tritt für den andern ein.

Kehrvers:
Adlerfeder, Büffelzahn,
wilde Indianer, wilde Indianer.
Adlerfeder, Büffelzahn,
führt unsre Freunde zur Jagd heute an!

Alle, die Tiere als Bruder nennen,
müssen weise Indianer sein,
Bäume und Pflanzen als Freunde erkennen,
müssen weise Indianer sein.

Kehrvers:
Adlerfeder, Büffelzahn,
wilde Indianer, wilde Indianer.
Adlerfeder, Büffelzahn,
führt unsre Freunde zur Jagd heute an!

Alle, die unsere Erde bewachen,
müssen weise Indianer sein,
Wälder für unsere Erben aufsparen,
müssen weise Indianer sein.

Kehrvers:
Adlerfeder, Büffelzahn,
wilde Indianer, wilde Indianer.
Adlerfeder, Büffelzahn,
führt unsre Freunde zur Jagd heute an!

(Bühne dunkel, neues Bühnenbild: im Garten)

Erzähler:

„Großer Häuptling kann sich auf mich verlassen", flüstert Michael. Schon ist er auf Zehenspitzen bis zur Balkontür geschlichen. Lautlos rutscht er hinter Adlerfeder hinunter in den Garten. Nun folgen auch Heller-Stern, Büffelzahn, Großes-Horn und die anderen Indianer. Auch einige Squaws rutschen geschickt und leise die Regenrinne hinab. „Hol die Latten von den Bohnenstangen aus dem Garten her", sagt der große Häuptling Adlerfeder. „Und bring' aus der Garage die großen Säcke und die Decken, die ihr beim Grillen immer über die Steinbänke legt! Nun paß' genau auf, wie wir das Tipi bauen! Zuerst drei Latten in den Boden rammen, dann die anderen Latten dazwischen stecken! Danach die Decken befestigen! Der Eingang des Tipi zeigt immer nach Osten, dahin, wo die Sonne aufgeht. Oben bleibt ein Loch, damit der Rauch abziehen kann. So, nun legen wir die Felle in das Zelt und auch einige Felle hier draußen um die Feuerstelle. Und jetzt wollen wir Federnwerfen üben. Da drüben die Scheibe, das ist unser Ziel."

Der Rauch steigt zu den Wol - ken auf____

und zeigt uns der Ster - ne Lauf.____ Das

Ca - lu - met schützt uns bei Tag und Nacht____ und

schenkt uns Kraft und viel Macht.____ Die

Frie - dens - pfei - fe lädt uns ein,____

du sollst ein In - di - a - ner - freund sein:____ Es

hält uns zu - sam - men das Frie - dens - band,____

kommt mit ins In - di - a - ner - land.____

Michael trifft gleich dreimal genau in die Mitte. „Du kannst bald mit auf die Jagd gehen", sagt der Häuptling und streicht ihm über die Haare. „So, und nun wollen wir gemeinsam die Friedenspfeife rauchen. Laßt uns zum Kreis zusammensetzen. Es wird schon dunkel."

Erzähler:

Der Häuptling sagt: „Die Indianerfrauen sollen ihre Babys jetzt in die Zelte legen! Sie schlafen ja schon ein."

Das Calumet war bei den nordamerikanischen Indianern die langstielige Friedenspfeife.

Mein Kind liegt in der Wie-ge, es liegt dort weich und warm. Mein Kind wird stark und mu-tig, und si-cher trifft sein Arm. Ich leg ihm in die Wie-ge das wei-che Hirsch-kuh-fell. Mein Kind wird flink und wach-sam, läuft wie ein Hirsch so schnell. Ich

Ich schmücke sie mit Muscheln,
mit Perlen, blankem Stein,
leg' Wolle in die Wiege,
da schläft mein Kind sanft ein.

Und wo ich geh' und stehe,
nehm' ich mein Kind stets mit.
Ich trag' es auf dem Rücken,
bei jedem Schritt und Tritt.

Auch an dem Pferdesattel,
da hängt mein liebes Kind.
Bald kann es selber reiten
und jagen wie der Wind.

Es lernt die Pflanzen lieben.
Die Bäume, jedes Tier
sind Brüder und sind Schwestern
auf unsrer Erde hier.

Das Land gehört uns allen,
wie Wolken, Luft und Meer,
wie Büffel, Fisch und Pferde
und auch der Vögel Heer.

Laßt uns die Erde schützen,
das Wasser, Stein und Land.
Der Große Geist bewahr' uns
und führe unsre Hand.

Erzähler:

„Los", sagt der Häuptling, „jetzt wollen
wir zur Ehre des Großen Geistes tanzen!
Nehmt eure Masken, legt euch Ketten
und Schmuck um. Und ergreift die
Trommeln und Rasseln! Bringt auch
die Schlangen herbei! Mit den
Schlangen wollen wir den Großen
Geist um Regen für unseren Mais bitten.
Die Erde ist so trocken, der Mais kann
nicht wachsen."

Kommt zum gro-ßen Tanz her-bei, he-ja-he-ja-he-i!

Hört das wil-de Tanz-ge-schrei, he-ja-he-ja-he-i!

Tanzt für Son-ne, Mond und Stern, he-ja-he-ja-he-i! Für

al-le Tie-re nah und fern, he-ja-he-ja-he-i!

(Ruf/Klatschen)

He-ja-he-ja-he-ja-hei, he-ja-he-ja-hei! Heh!

(Ruf/Klatschen)

He-ja-he-ja-he-ja-hei, he-ja-he-ja-hei! Heh!

Blast das helle Feuer an,
hejahejahei,
daß uns jeder sehen kann,
hejahejahei!
Tanzt für Wolk' und Wasserdampf,
hejahejahei,
tanzt für einen gerechten Kampf,
hejahejahei!

Holt die Schlegel, Rasseln her,
hejahejahei,
schlagt die Trommeln mehr und mehr,
hejahejahei!
Großer Geist, in der Natur,
hejahejahei,
finden wir dankbar deine Spur,
hejahejahei!

Tanzen, Trommeln in der Nacht,
hejahejahei,
bis im Ost'n die Sonn' erwacht,
hejahejahei!
Büffeltanz und Tanz für Mais,
hejahejahei,
das Geheimnis kein Fremder weiß,
hejahejahei!

Tanzt mit schwarzem Büffelschwanz,
hejahejahei,
laut und wild den Schlangentanz,
hejahejahei!
Laßt morgens die Schlangen frei,
hejahejahei,
Regen, Regen, komm herbei,
hejahejahei!

Tanzt, bis jeder zu Boden fällt,
hejahejahei!
Großer Geist ist Herr der Welt,
hejahejahei!
Großer Geist, zieh' ein ins Zelt,
hejahejahei!
Wir tun, was dir wohlgefällt,
hejahejahei!

Erzähler:

Auf einmal ertönt ein markerschüt-
terndes Gebrüll. Der Häuptling
schreit: „Die Feinde kommen, die wilden
Irokesen! Holt die Speere, Beile und
Pfeile!"

Aber zu spät! Schon sind die Indianer
überwältigt. Michael wird gefesselt und
an den Marterpfahl gebunden. Die Feinde zielen mit ihren Pfeilen auf ihn.
„Nein", schreit Michael, „nicht schießen!"

*(Bühne wird dunkel gemacht, das
Kinderzimmer erscheint wieder.)*

Erzähler:

„Michael, aufstehen", ruft die Mutter. „Höchste Zeit, du kommst sonst zu spät zur Schule (in den Kindergarten). Wie sieht denn das hier bloß aus? Die Indianer sind ja alle umgefallen? Als ob da einer heut' nacht durchgetrampelt wäre. Bist du etwa ein Schlafwandler?" „Großes Geheimnis", sagt Michael. Da - hat ihm nicht eben der große Häuptling mit dem rechten Auge zugeblinzelt?

„Mami, laß alles so liegen", ruft Michael. „Ich spiel' heute nachmittag weiter. Jeden Tag will ich mit den Indianern spielen. Und nachher bastel' ich den tollsten Federschmuck. Dann seh' ich fast wie ein Indianerhäuptling aus. Da werden Florian, Martin und Till aber staunen."

Wir In - dia - ner schlei-chen durch die Nacht.
Seid ganz lei - se, daß kein Tier er - wacht.
So ge-wandt wie der Fuchs, so ge-schmeidig wie der Luchs,
wir In - dia - ner schlei-chen durch die Nacht.

Wir Indianer achten Baum und Bär,
und wir kommen nicht zum Morden her.
Heilig ist die Mutter Erden,

sie darf nicht zerstöret werden.
Wir Indianer schleichen durch
die Nacht.

Spiel:

Bei diesem Spiel brauchen die Kinder keine Rollen zu lernen. Der Erzähler stellt die einzelnen Szenen vor. Die Kinder agieren während der Erzählung mit ausdrucksstarken pantomimischen Bewegungen. Das temperamentvolle und spannende Spiel mit den Kindern kann bei einem Sommerfest auf der Wiese aufgeführt werden.

Bei kleineren Kindern kann man einzelne Bausteine heraussuchen. Dann wird nur das Zelt aufgebaut und die Friedenspfeife geraucht. Daran kann sich ein gemeinsames „Indianeressen" am Feuer anschließen.

Wenn ein Chor zur Verfügung steht, ist es sehr reizvoll, alle Strophen singen zu lassen. Sonst können die Strophen auch von verschiedenen Spielern gesprochen werden.

Das Bewegungsspiel ist auch auf der Kassette von Ulrich Maske eingespielt.

Masken:

Aufgeblasene Luftballons werden mit Pappmaché oder eingeweichten Gipsbinden dick belegt. Wenn das Pappmaché getrocknet ist, werden die Masken mit Wasser- oder Aquarellfarben dunkel bemalt, so daß es eine unheimliche Wirkung ergibt.

Die Schlangen werden aus Drahtgestell hergestellt, das mit Pappmaché eingekleistert und später angemalt wird.

Requisiten:

Wenn das Spiel im Garten aufgeführt wird, ist der Zeltaufbau leicht zu bewerkstelligen. Die Stäbe werden in die Erde oder in den lockeren Sand gesteckt. Bei einer Aufführung im geschlossenen Raum sollten die Stäbe in einen Eimer mit Erde oder Sand gesteckt werden, damit sie nicht umkippen.

Die Feuerstelle kann aus übereinandergeschichteten Steinen errichtet werden. Mit Räucherstäbchen kann man gefahrlos Rauch aufsteigen lassen.

Der Chor hat bei einer Aufführung eine wichtige Funktion. Er stellt sich im Hintergrund im Halbkreis auf. Die vordere Reihe der Kinder trägt jeweils ein rechteckiges Pappschild, dessen Vorder- und Rückseite bemalt wird. Auf der Vorderseite ist das Kinderzimmer mit den Indianerfiguren, auf der Rückseite ist der Garten aufgemalt. Wenn das Bühnenbild wechseln soll, werden die einzelnen Schilder umgedreht. Damit die Zuschauer den Trick nicht merken, wird beim Wechsel die Bühne abgedunkelt.

WIR LERNEN DIE ZEICHENSPRACHE

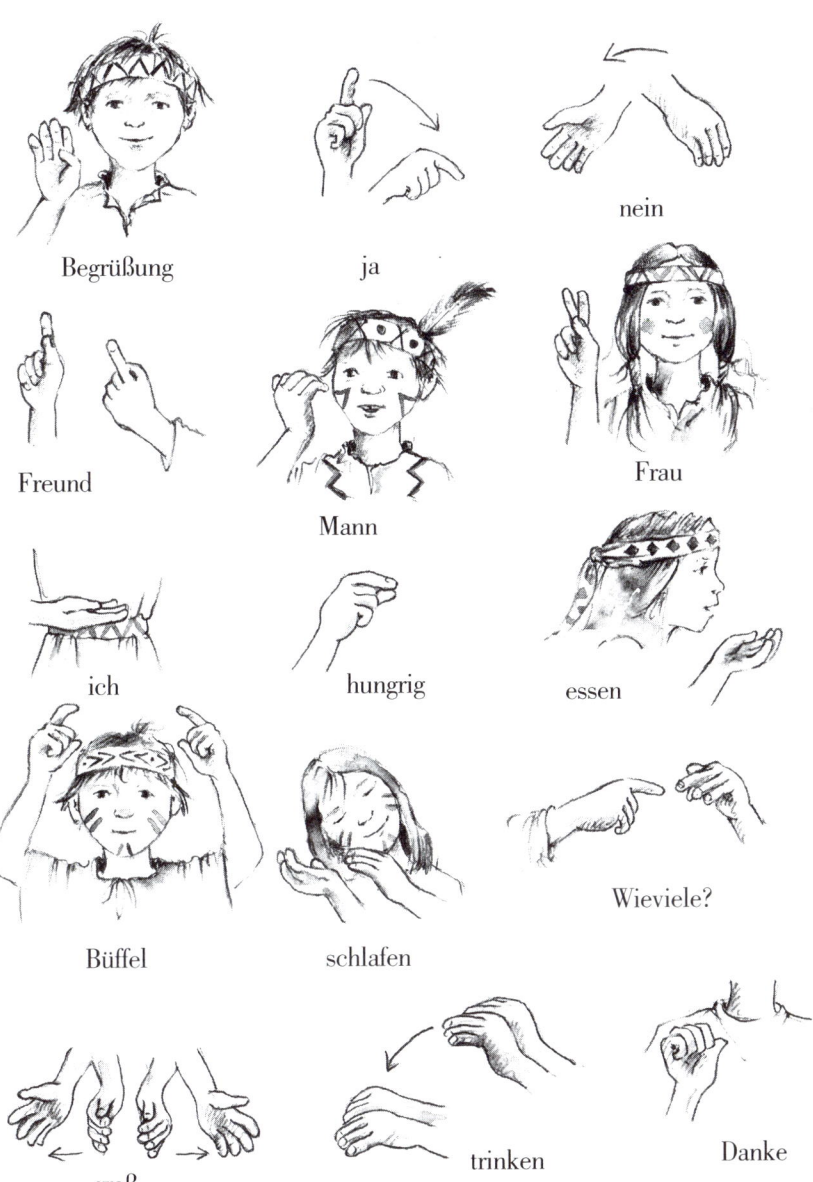

Begrüßung

ja

nein

Freund

Mann

Frau

ich

hungrig

essen

Büffel

schlafen

Wieviele?

groß

trinken

Danke

Als die Weißen nach Amerika kamen, gab es allein in Nordamerika mehr als 200 Indianerstämme. Diese Stämme sprachen nicht dieselbe Sprache. Die Zeichensprache war für viele Indianerstämme deshalb oft die einzige Möglichkeit, sich untereinander zu verständigen. Sie teilten sich durch Handzeichen mit, ähnlich der Zeichensprache von Taubstummen.
Nachdem der Spielleiter die Zeichen genau erklärt hat (siehe Seite 111), setzen sich die Kinder in einen Kreis. Der Spielleiter nennt ein Wort, und die Kinder zeigen die dazugehörigen Gesten mit den Händen. Dann können auch ganze Sätze gebildet werden. Gemeinsam können auch neue Zeichen verabredet werden.

WAS RIECHT DENN DA SO GUT?

Die Indianer kannten viele Heilpflanzen, die einen besonders starken Duft ausströmten. Auch der Rauch der Friedenspfeife duftete nach Rinden und verschiedenen Kräutern. Ein Indianerkind stellt sich in die Mitte des Raumes. Es hat eine „Duftlampe" mit einem Räucherstäbchen in der Hand. Die anderen Indianerkinder gehen mit verbundenen Augen im Raum umher und versuchen, durch Riechen das Kind mit der Duftquelle herauszufinden. Wer es gefunden hat, setzt sich nahe bei dem Kind auf den Boden. Der letzte Spieler darf das neue Räucherstäbchen tragen.

EINE FRIEDENSPFEIFE FÜR INDIANERKINDER

Material: Papprolle vom Haushaltspapier, Seiden- und Kreppapier, Schere, Eierkartons, Farbe, Kleber

Arbeitsanleitung:
Die Papprolle mit vielen bunten Streifen Seiden- oder Kreppapier bekleben. An eine Seite ein Segment aus Eierkartons kleben und bunt anmalen.

Statt der Papprolle kann auch ein schön geformter Zweig verwendet werden. Dann müßte der Pfeifenkopf allerdings mit Alleskleber festgeklebt werden.
Idee: Renate Leschner, Kindergarten Heikendorf

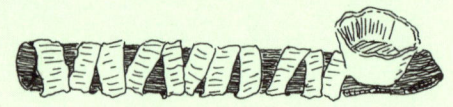

INDIANER BEIM
FEIERN UND TANZEN

6.

Zum Leben der Indianer gehörte auch das Feiern. Es gab Feste zu Ehren des Großen Geistes, nach der Jagd oder einfach, um seiner Freude Ausdruck zu geben. Ein berühmtes Element der Kultur der Indianer der Nordwestküste war das sogenannte „Potlatchfest". Bei dieser gesellschaftlichen Veranstaltung gab der Häuptling mit Hilfe seiner Leute für viele Gäste ein Fest und verschenkte oder vernichtete Eigentum. Er tat das, um seinen Rang und seine Vorrechte zu beweisen oder um bestimmte Wappenzeichen, Namen oder Rechte zu übertragen.

Eng verbunden mit den Feiern waren auch die Tänze der Indianer. Sie hatten unterschiedliche Bedeutung. Manche Tänze wurden zum Zweck der Heilung bei Krankheiten getanzt, andere sollten einem Tier oder Feind den Tod bringen. Die Schlangentänze waren eine Bitte um fruchtbaren Regen für den Mais und andere Pflanzen.

Auch zu Beginn einer kriegerischen Auseinandersetzung oder bei der glücklichen Heimkehr der Sieger wurde getanzt. Beim Teufelstanz der Apachen sollten böse Geister besiegt werden. Beim Büffel- und Adlertanz sollte die Freude über die Jagdbeute ausgedrückt werden.

Alle diese Tänze dauerten sehr lange und wurden oft bis zur Erschöpfung getanzt. Der Sonnentanz zog sich über mehrere Tage hin.

Diese kultischen Tänze haben nur noch wenig mit den heutigen Tänzen zu tun, die in den Reservaten zur Unterhaltung der Touristen gezeigt werden.

INDIANERFEST MIT HINDERNISSEN

Manchmal gibt es richtige Glückstage. Da klappt einfach alles. So ein Glückstag ist gestern gewesen. Andrea hatte vom Großvater einen großen Malkasten bekommen. Nun konnte sie sich ganz toll anmalen. Sie wußte genau, wie sie aussehen mußte, wenn sie Glück auf der Bärenjagd haben wollte. Oder wenn sie sich Regen wünschte für die Pflanzen auf dem Maisfeld.

Andrea setzte den Federschmuck auf. Den hatte sie in der vorigen Woche im Kindergarten gebastelt. Und nun noch den Köcher umgeschnallt und Pfeil und Bogen in die Hand genommen. Einfach super sah sie im Spiegel aus: Andrea, die Große-Braune-Bärin. Den Namen hatten ihr Lena und Michael gegeben, weil sie am besten den großen Pappbären auf der Wiese mit dem Pfeil getroffen hat.

Ja, und dann ist etwas Schreckliches passiert. Die Mädchen und Jungen haben im Kindergarten mit Holzpferden wilder Hengst gespielt. Das ist ein ganz tolles Spiel. Die Kinder haben sich lange Grashalme um den Bauch gebunden. Wie ein langer Schwanz sah das aus. Bei der wilden Jagd mußten sie sich gegenseitig auf den Schwanz treten. Große-Braune-Bärin hat es bei Kleiner-Wolf, bei Fliegender-Büffel und Starker-Adler geschafft. Dann haben Fliegender-Büffel und Starker-Adler sie zu zweit verfolgt. Als sie mit einem großen Satz über den Rand der Sandkiste auf die Terrasse springen wollte, ist sie auf die gepflasterten Steine geknallt. Das hat höllisch weh getan, und das rechte Bein ist dick angeschwollen.

Und nun ist heute ihr Pechtag. Sie sitzt mit dem Gipsbein am Fenster. Unten gehen Kleiner-Wolf, Kürbisblüte und Fliegender-Büffel vorbei. Natürlich, heute ist ja das große Indianerfest im Kindergarten! Sie haben sich schon die Indianerhemden und Mokassins angezogen. Aber warum rollen sie den Bollerwagen hinter sich her? Und Frau Schuster geht auch mit.

Da klingelt es dreimal an der Tür. Das ist ihr Indianer-Morsezeichen: lang - kurz - lang - kurz - lang - kurz. „Komm her!", heißt das.

Da kommt auch schon der Vater mit Frau Schuster ins Zimmer. „Große-Braune-Bärin soll unbedingt beim Indianerfest dabei sein", sagt Frau Schuster. „Wir tragen dich zusammen nach unten in den Wagen. Und dein Vater kommt auch mit. Er ist wie dein Schatten, der auf dich aufpaßt. Du sitzt ganz vorn im großen Häuptlingssessel. Da schubst dich keiner um."

„Hugh! Hugh", ruft Andrea begeistert. Und dann wird es ein ganz tolles Fest. Andrea holt die Trommeln und Rasseln. Eine davon hat sie selbst mit echter Indianerfarbe angemalt. Ganz echt ist allerdings nur die blaue Farbe. Die haben die Kinder mit Leim und Blaubeeren gemischt. „Tolle Indianermuster", stellt der Vater fest. Vater heißt Vier-Federn; die hat ihm Andrea vorn in den Gürtel gesteckt. Und angemalt hat Vater sich auch. Dann geht der Indianertanz los. Zuerst kommen die Büffel hereingestampft. Andrea trommelt ganz laut auf ihrer Trommel herum. Die Büffel schrei-

en und toben und wälzen sich auf dem Boden. Sie haben sich auf die Stirn schwarze Büffelhörner gemalt. Richtig unheimlich sieht das aus. Danach kommt der Maskentanz dran. Da hätte Andrea am liebsten mitgetanzt. Sie macht ganz wilde Musik mit den Rasseln, und der Vater schlägt dazu die Trommel.

Unheimlich und fremd sehen die Tänzer aus. Da drüben, das muß Lena sein mit den vielen Glöckchen am Fuß. Und hier vorn, das ist Michael. Den erkennt sie schon an dem gemalten Köcher. Sie haben beide ganz ähnliche

116

Muster gemalt. Dann setzen die Indianer ihre Masken ab. Alle Kinder, auch die Büffel, setzen sich im großen Kreis um Andrea herum. Der Medizinmann kommt mit einem Beutel voll duftender Kräuter

auf Andrea zu. Er schwenkt den Beutel hin und her und sagt: „Große-Braune-Bärin hat großes Mißgeschick bei der Jagd gehabt. Aber die gute Medizin und unsere guten Gedanken machen sie bald wieder gesund. Damit Große-Braune-Bärin unser Fest nicht so schnell vergißt, wollen wir ihr unser Zeichen auf das Gipsbein malen."

Nun treten Fliegender-Büffel und Starker-Adler vor und malen mit bunten Fingerfarben ihre Muster auf den weißen Gips. Lena, die Kürbisblüte, kommt und malt ihr eine ganz schöne leuchtende Sonne auf. Der Medizinmann zündet die Friedenspfeife an. Andrea darf als erste rauchen. Ein würziger Duft steigt empor. Vier-Federn nimmt ein paar Züge und reicht die Pfeife weiter an Fliegender-Büffel. Und dann nehmen auch alle anderen Indianer einen Zug.

Am Schluß gibt's das große Indianeressen mit Maisbrei, Popcorn und Stockbroten.

Als Vater die Große-Braune-Bärin in den Wagen trägt, sagt sie ganz begeistert: „Vier-Federn, das war das supertollste Indianerfest. Trotz Gipsbein. Hugh! Hugh!"

Ich lade Dich ganz herzlich ein,
in unserm Tipi zu Gast zu sein.

Wir wollen auf Steckenpferden reiten,
Indianer bei der Jagd begleiten.

Mit Bogen schießen wir und Pfeil
und schwingen stolz das scharfe Beil.

Als Häuptling oder großer Bär,
so zieh'n wir hinter den Büffeln her.

Komm am . . . . . in unser Zelt,
dann geht's los in die tolle Indianerwelt!

Es gibt auch ein tolles Lagerfeuer
und viele Indianer - Abenteuer!

118

WIR FEIERN
EIN POTLATCH-FEST

Wenn die Kindergruppe ein Indianerfest feiert, sollte auch vom Potlatch-Fest der Küsten-Indianer erzählt werden. Die Küstenindianer wohnten an der felsenreichen Nordwestküste des Pazifiks. Wenn ein Sohn geboren wurde, bei Hochzeiten, Begräbnissen oder auch bei erfolgreichen Walfängen wurde ein großes Fest gefeiert. Dazu legten die Indianer festliche Kleider und oft auch Masken an.

Beim Fest wurden kostbare Gaben verschenkt: Schmuckstücke, geschnitzte Boote und Werkzeuge.

Die Kinder ziehen vor einem solchen Fest ein Los mit dem Namen eines anderen Kindes. Zu Hause wird ein originelles Geschenk eingepackt und mit dem Namen versehen. Es kann auch ein selbstgebasteltes Geschenk sein.

Kinder freuen sich sicherlich über einen Radiergummi oder Bleistift mit einer lustigen Tierfigur, über Dinosticker, Fußballbilder, bunte Ketten, glänzende Murmeln oder Steine. Es wird vorher festgelegt, wieviel ein Geschenk kosten darf, damit keiner den anderen übertrumpfen kann.

INDIANERNAMEN FÜR INDIANERFESTE

Indianernamen werden auf viele Zettel geschrieben und auf dem Rücken des Indianerkindes befestigt. Jedes Kind darf sich seinen Namen selbst aussuchen, weil jeder Name viel vom Wesen seines Trägers verrät. Vorschläge für Indianernamen:

Kleiner-Wolf
Sanftes-Reh
Drei-Federn
Schnelle-Biberfrau
Großer-Jäger
Gelbes-Steppengras
Fliegender-Büffel
Schlaue-Schlange
Starker-Adler
Kleine-Bärin
Listiger-Fuchs
Kleine-Wolke
Langer-Fuß
Brennende-Sonne
Weißer-Falke
Leuchtender-Stern
Einsamer-Wolf
Singender-Vogel
Brauner-Bär
Kleiner-Mond
Fliegender-Pfeil

DAS LIED ZUM INDIANERFEST

Wir la - den heu - te al - le ein, nun

kommt in un - ser Zelt her - ein, wir la - den al - le ein.

Hugh, hugh, hugh! In -

Indianerfest, das fängt nun an,
und jeder sich bemalen kann,
Indianerfest fängt an.
Hugh, hugh, hugh!

Das große Fest, das geht bald los,
und das Gebrüll ist riesengroß.
Das große Fest geht los.
Hugh, hugh, hugh!

Wir sitzen in dem hohen Gras,
Indianertrommeln, das macht Spaß.
Wir sitzen in dem Gras.
Hugh, hugh, hugh!

Reich mir die Friedenspfeife her,
der Rauch beißt in den Augen sehr.
Reich mir die Pfeife her.
Hugh, hugh, hugh!

Das Zelt, das soll bald fertig sein,
da kriechen die Indianer rein.
Das Zelt soll fertig sein.
Hugh, hugh, hugh!

Da schleicht heran der Spitze-Pfeil,
dahinter kriecht das Scharfe-Beil.
Da schleicht der Spitze-Pfeil.
Hugh, hugh, hugh!

Es geht jetzt los auf Büffel-Jagd,
doch leise, nur kein Lärm gemacht!
Es geht auf Büffeljagd.
Sch - Sch - Sch.

Jetzt gibt's das große Büffelfest,
vom Fleisch, da bleibt bestimmt kein Rest.
Jetzt gibt's das Büffelfest.
Hugh, hugh, hugh!

Nun sind die Indianer müd,
singt alle leis das Einschlaflied.
Nun sind wir alle müd.
Ssss - Ssss - Ssss.

Beim Indianerfest ersetzen Würstchen
und gebratene Hackbällchen
das Büffelfleisch.

Die Kinder können strophengemäß die
verschiedenen Bewegungen der India-
ner pantomimisch darstellen.

121

WENN INDIANER-KINDER SPIELEN UND TANZEN

Quer durch den Raum wird ein blaues Band aus Kreppapier als „Fluß" gelegt. Auf der linken Seite des Flusses wohnen die Indianer, die sich schnell und geschickt bewegen können, springen, laufen, auf die Bäume klettern, schwimmen, Bocksprung machen, Wettlaufen, Wettschießen mit den Pfeilen etc. Auf der rechten Seite wohnen die Indianer, die ihr Land an Weiße verkauft haben und dafür viele Dinge bekamen, die sie träge und schwach werden ließen, z.B. Feuerwasser (Alkohol), wertlose Fertiggerichte, Fernsehapparate etc. Sie hocken stundenlang vor dem Fernseher, ohne sich zu bewegen.

Eines Tages aber bauen die „schnellen Indianer" einen Steg über den Fluß und animieren den anderen Indianerstamm zu fröhlichen Bewegungen. Die „müden Indianer" folgen zunächst zögernd, dann aber doch fröhlich und dankbar den vielseitigen Impulsen ihrer Nachbarn, bis schließlich alle ausgelassen herumtanzen.

Erzähler:

In einem großen weiten Tal leben zwei verschiedene Indianerfamilien. Die Indianerkinder des Häuptlings Schneller-Hirsch springen, tanzen und spielen fröhlich im Steppengras herum. Die Kinder springen über die Steine, spielen Mühle, Schubkarre und Verstecken und klettern auf die Bäume, springen in den Fluß, tauchen und schwimmen. Sie essen von den Früchten des Waldes, trinken klares Quellwasser und gehen auf die Jagd.

Die Kinder führen die angegebenen Bewegungen aus. Manche Tätigkeiten können natürlich nur pantomimisch dargestellt werden.

Die Indianerkinder des Häuptlings Müder-Bär haben ihr Land an die Weißen verkauft und dafür viele Dinge bekommen, die sie faul, träge und krank machen. Sie trinken Feuerwasser, naschen Zuckerzeug, liegen stundenlang vor dem Fernseher und glotzen auf die bunten Bilder in dem schwarzen Kasten. Eines Tages legen die Kinder von Schneller-Hirsch lange Holzstämme über den breiten Fluß und laufen hinüber. Sie ziehen die müden und faulen Indianerkinder hoch, tanzen mit ihnen herum, spielen Schubkarre, Verstecken und Bockspringen, klettern auf die Bäume und springen ins Wasser.

122

Am Schluß fassen sich alle an den Händen und bilden einen großen Kreis. Sie singen ihre Indianerlieder und freuen sich, daß sie gemeinsam spielen, singen und tanzen können.

Bei diesem Bewegungsspiel können die Rollen gewechselt werden. Der Wechsel zwischen dem fröhlichen Spiel und der Ruhepause ist motivierend und phantasieanregend für die Kinder.

SCHLANGENTANZ BEI DEN INDIANERN

Die Kinder teilen sich in mehrere Gruppen auf. Etwa vier oder fünf Kinder stehen hintereinander. Der Vordermann wird an den Schultern oder um die Hüften gefaßt.

Ein Indianer geht vor und schlägt auf der Trommel einen bestimmten Rhythmus, in dem sich die Schlange vorwärts bewegen muß, langsam, schneller, wieder langsam. Nacheinander führen die Gruppen ihren Schlangentanz vor. Dabei kann der erste Indianer jeder Gruppe eine gebastelte Schlange (Pappmaché) in der Hand tragen. (Die Indianer trugen echte Schlangen beim Schlangentanz.)

WILDE TÄNZE FÜR TANZMUFFEL

Oft lehnen Mädchen und Jungen schon mit fünf oder sechs Jahren es ab, sich mit anderen tanzend im Kreis oder frei im Raum zu bewegen.

Aber es tut gerade den wilden, bewegungshungrigen Kindern gut, wenn sie sich im kraftvollem Tanz frei bewegen. Sie können ihre Aggressionen dabei besser abbauen als bei wilden Raufereien.

Wir zeigen den Kindern Bilder von Indianertänzen wie Schlangen- oder Büffeltanz. Vielleicht treiben wir auch Abbildungen alter Kulttänze und Brauchtumstänze auf (Schwerttänze etc.).

Wir können den Kindern Bambusstäbe, Holzstecken, Holzstäbe (Abfälle aus der Tischlerei) in die Hand geben, mit denen sie sich „kämpferisch", mit energischen Stampfschritten tanzend, frei bewegen können. Bei entsprechenden wilden Trommelrhythmen werden sie sicher sehr motiviert werden.

Die „Tanzstäbe" können die Kinder selber phantasievoll nach Art der alten Totempfähle der Indianer bemalen.

WIE SICH DIE FEDER VERWANDELT

Die Kinder haben für das Indianerfest verschiedene Gegenstände der Indianer gebastelt (Federschmuck, einzelne bunt bemalte Federn, geschmückter Totempfahl, Ketten, Poncho und vieles mehr). Nun wird in die Kreismitte ein Gegenstand gelegt. Es tritt Stille ein. Der Spielleiter läßt zwölf Schläge vom Glockenspiel oder der Triangel ertönen. Die Kinder betrachten konzentriert den Gegenstand in der Mitte und überlegen,

wie sie ihn verwandeln können. Wer eine gute Idee hat, tritt langsam in die Mitte, hebt den Gegenstand hoch, legt ihn ab und spielt dann pantomimisch vor, wie sich der Stab verwandelt hat:

z.B. in eine Wurfaxt, mit der ein Büffel erlegt wird,

z.B. in einen Bogen mit Pfeil, mit dem der fliehende Hirsch erlegt wird,

z.B. in einen wilden Mustang (Pferd), der ganz schnell herumtrabt und den Reiter schließlich abwirft,

z.B. in eine schleichende Katze, die eine Maus fängt,

z.B. in einen Fisch, der im Wasser schwimmt und plötzlich hochschnellt,

z.B. in eine Eule, die nachts auf Mäusejagd geht,

z.B. in eine Indianerfrau, die ein Feuer macht,

z.B. in eine Indianerfrau, die ein Zelt aufbaut,

z.B. in einen Indianer, der ein getötetes Tier hinter sich herzieht (es sollte ein großes Tier, Bär oder Büffel sein; er muß sich dabei sehr anstrengen).

Die Kinder im Kreis sollen den verwandelten Gegenstand oder die Spielhandlung erraten.

SCHWIERIGE RÄTSEL
AM LAGERFEUER

Die Indianer haben abends am Lagerfeuer zusammengesessen, Geschichten erzählt, gesungen und wohl auch schwierige Rätsel entwickelt, zu deren Lösung viel Geduld nötig war. Einige Rätsel könnt ihr auf den folgenden Seiten lösen und euch auch selbst neue Rätsel ausdenken.

Ein geschickter Burgenbauer
Ich kann starke Bäume fällen
ohne Beil und Sägen,
kann mit meinem Ruderschwanz
unter Wasser mich bewegen.
Eine Burg aus Ast und Stamm
kann ich bauen, Nest und Damm.
(Biber)

Die geheimnisvollen Zeichen
Ohne Kabel, Telefon
können wir euch Nachricht geben,
unsre Zeichen hell wie Wolken
weit über die Steppe schweben.
(Rauchzeichen, Feuerzeichen)

Ein Haus, das wandern kann
Fenster sind nicht drin im Haus,
doch es schützt vor Wind und Regen.
Und du kannst dich ganz gemütlich
drinnen hin zum Schlafen legen.
Die Wände sind aus Büffelhaut,
wir haben nicht lang dran gebaut.
Morgen müssen wir weiterzieh'n
zu neuen Weideplätzen hin.
Wir ziehen die langen Stangen
heraus und bau'n woanders ein
neues Haus.
(Ein Tipi [Zelt] der Indianer)

Ein Knirps mit spitzen Stacheln
Ich hab' viele spitze Stacheln ,
mit dem Schwanz, da kann ich
schlagen.
Und mit diesen scharfen Waffen
kann ich jeden Feind verjagen.
(Stachelschwein)

Ein riesiger Grasfresser
Mit den Hörnern kann ich stoßen,
stampfen kann ich, wütend schnaufen.
Sieh dich vor, wenn unsre Herde
vorwärts stürmt in großen Haufen.
Unser Fleisch ist gut zu essen,
obwohl wir selber - Gras nur fressen.
(Büffel)

FLEISCHTOPF FÜR INDIANER

Zutaten:

1 kg gemischtes Hackfleisch, 100 g Tomatenmark, Salz, Pfeffer, Thymian, Paprika, Petersilie, 1 kleine Dose Maiskörner, 1 kleine Dose Kidneybohnen, 300 g Kartoffeln, 3 Zwiebeln und 3 Knoblauchzehen, Öl zum Braten.

Zubereitung:

Kartoffeln schälen und kleinschneiden. Zwiebeln und Knoblauch kleinschneiden

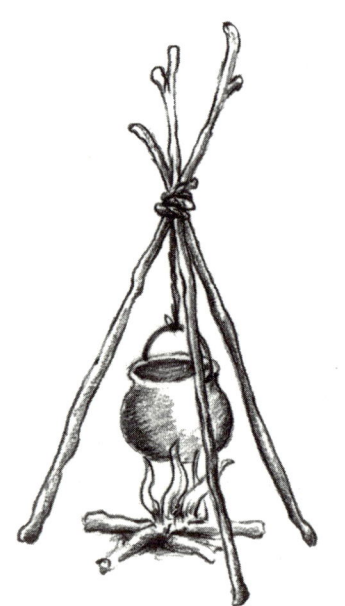

und dünsten. Die Gewürze, das Fleisch und die Kartoffeln hinzugeben und 30 Minuten garen lassen. Am Schluß die Maiskörner und Kidneybohnen und die feingehackte Petersilie zufügen und noch einmal 10 Minuten auf kleiner Flamme durchziehen lassen. Das Fleisch in einen großen Topf füllen, der über das Lagerfeuer gehängt werden kann. Die Indianer können Fladenbrot oder Vollkornbrötchen dazu essen.

FALSCHER STEPPENHASE FÜR INDIANERKINDER

Zutaten:

750 g Rinderhackfleisch, 2 Brötchen, Petersilie, 1 Zwiebel, 4 Möhren, 1 große Lauchstange, 2 Lauchzwiebeln (Schalotten), 4 Eßlöffel Tomatenmark, 2 Eier, Thymian, Paprikagewürz, Pfeffer, 5 Würstchen, 8 Scheiben fein geschnittene Salami, Milch.

Zubereitung:

1.) Die Brötchen in der Milch einweichen und später gut abtropfen lassen. Den Lauch und die Lauchzwiebeln putzen, längs durchschneiden und waschen. Zwiebel, Petersilie und Möhren putzen und kleinschneiden.

2.) Die Brötchen mit der Zwiebel und der

BÜFFELKÄSE-NUDELN AM LAGERFEUER

Zutaten:
Fertige Tomatensoße oder Ketchup,
500 g Nudeln, 300 g Käse aus Büffel-
milch (Mozarella) in Scheiben
geschnitten, 150 g geriebenen Käse
(Parmesan oder Emmentaler), Butter.

Zubereitung:
Die Nudeln im Salzwasser kochen und
mit kaltem Wasser abschrecken. In eine
feuerfeste gebutterte Form lagenweise
die Nudeln legen. Die Käsescheiben und
den geriebenen Käse darauf legen und
mit Tomatensoße übergießen. - Auf die
letzte Schicht kommt der Rest Tomatensoße und Butterflocken.
Die Büffelkäse-Nudeln bei etwa 180°
rund 30 Minuten lang backen. Mit Toma-
tenscheiben und Steppengras (Schnittlauch, Petersilie) schmücken.

Petersilie anbraten. Dann die Möhren
etwa zehn Minuten dünsten.
Lauchstange und Schalotten kurz in
heißes Wasser geben und abgießen.
Das Fleisch mit den Gewürzen, Eiern und
kleingeschnittenen Salamischeiben gut
durchmischen. Nun die Hälfte des Flei-
sches in eine gefettete Kastenform füllen.
Die halbierte Lauchstange, Schalotten
und Möhren auf die Fleischmasse und die
Würstchen an den Rand legen. Die rest-
liche Fleischmasse darüber geben.
3.) Bei 200° etwa eine Stunde im Back-
ofen backen, gegen Ende mit Folie
abdecken.
Am Lagerfeuer können sich die Kinder
dicke Scheiben abschneiden. Dazu
schmecken frische Tomaten und Fladenbrot.

FRÜHLINGSSALAT DER AZTEKEN IN MITTELAMERIKA

Zutaten:
Etwa 2 bis 3 Kochbeutel Reis (am besten Naturreis), je nach Anzahl der Indianer 6 bis 7 Würstchen oder etwa 500 g Fleischwurst, 2 Dosen Kidney-Bohnen, 2 Dosen Mais, nach Geschmack 1 rote und 1 grüne und 1 gelbe Paprika, 1 kleine Gemüse-zwiebel.

Zubereitung:
Den Reis kochen. Dann die Würstchen erhitzen und in kleine Stücke schneiden bzw. die Fleischwurst enthäuten und in Scheiben schneiden. Zwiebeln und Paprika in ganz feine Scheiben schneiden. Dann die Zutaten mit dem Mais und den Bohnen durchmischen. Die Salatsoße wird je nach Geschmack mit Olivenöl, Essig, Salz, Tomatenketchup, etwas Pfeffer und Chilipulver zubereitet. Wir fügen die Soße unter den Salat und lassen alles durchziehen. Zur Dekoration kann „Steppengras" (Schnittlauch, Petersilie) verwendet werden.